Notizen

Inhaltsverzeichnis

Systematik des Gesetzes und Grundbegriffe 1
Verpflichtungs- und Verfügungsgeschäfte; Trennungs- und Abstraktionsprinzip 2
Ansprüche; Einwendungen und Einreden 3
Willenserklärung (Tatbestand, Abgabe, Zugang) 4–11
Vertragliche Einigung, einseitige Rechtsgeschäfte und geschäftsähnliche Handlungen 12–18
Auslegung empfangsbedürftiger Willenserklärungen, §§ 133, 157 und falsa demonstratio 19
Bedingung und Befristung, §§ 158 ff. 20
Stellvertretung, §§ 164 ff. 21–33
Zustimmung, §§ 182 ff. 34, 35
Gesetzlicher Vertreter und (beschränkte) Geschäftsfähigkeit (§§ 104 ff.) 36–42
Verstoß gegen Verbotsgesetz und Sittenwidrigkeit, §§ 134, 138 43–49
Formverstoß, § 125 49–54
Auslegung formbedürftiger Erklärungen 55
Anfechtung einer Willenserklärung, §§ 142 I, 119 ff. 56–65
Teilnichtigkeit, Umdeutung, Bestätigung 66
AGB 67–73
Termine, Fristen, Verjährung, Verwirkung 74–77

Definition · Beachte · Beispiel

Systematik des Gesetzes und Grundbegriffe

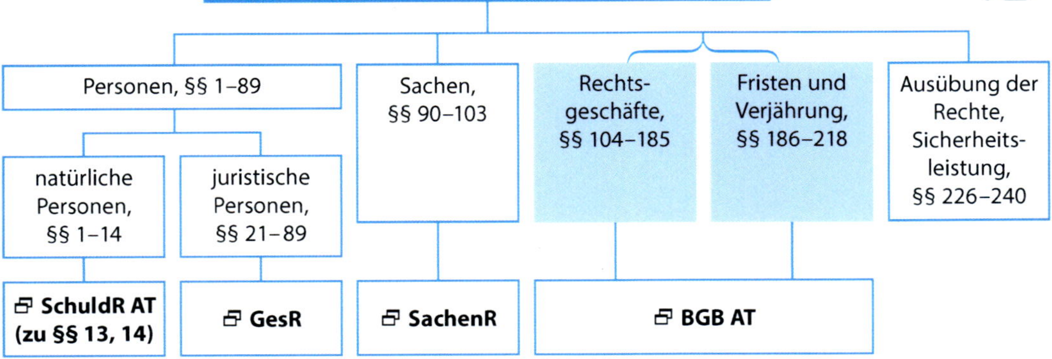

- Eine **Willenserklärung** ist die **Äußerung** jedes auf die **Herbeiführung einer Rechtsfolge gerichteten Willens**.
- Ein **Rechtsgeschäft** besteht aus einer oder mehreren **Willenserklärungen**, die allein oder in Verbindung mit anderen Tatbestandsmerkmalen (⧉ 12) eine **Rechtsfolge herbeiführen**, weil sie **gewollt** ist.

Die Regeln über **Rechtsgeschäfte** gelten für das gesamte **Privatrecht**, also für den **Verpflichtungsvertrag** und für **Verfügungen** (⧉ 2), für **einseitige Rechtsgeschäfte** und – analog – für **rechtsgeschäftsähnliche Handlungen** (⧉ 18) sowie für **Erb-, Familien-, Gesellschafts- und Vereinsverträge**.

- **Rechtssubjekte** sind **rechtsfähig**. Sie können **Träger von Rechten und Pflichten** sein (☞ natürliche und juristische Personen).
- An **Rechtsobjekten bestehen Rechte** von Rechtssubjekten (☞ Sachen, Forderungen).

Verpflichtungs- und Verfügungsgeschäfte

Verpflichtungsgeschäfte sind Rechtsgeschäfte, die ein **rechtsgeschäftliches Schuldverhältnis** i.w.S. begründen. Aus ihnen ergibt sich ein **Anspruch** i.S.d. § 194 I (🗗 3).

Verfügungsgeschäfte sind alle **Rechtsgeschäfte**, die **unmittelbar auf ein bestehendes Recht einwirken**.

☞ **Aufhebung** eines Rechts (§ 875; § 397); **Inhaltsänderung** bei Beschränkung der Nutzungsziehung aus einem Nießbrauch (§ 877); **Übertragung** des Eigentums an einer Sache (§§ 929 ff. bzw. §§ 873, 925) oder der Inhaberschaft an einer Forderung (§ 398); **Belastung** eines Grundstückes mit einer Grundschuld (§§ 873, 1191) sowie einer Forderung oder einer beweglichen Sache mit einem Pfandrecht (§§ 1204, 1279)

Trennungs- und Abstraktionsprinzip

Die Trennung zwischen **Verpflichtungs**- und **Verfügungsgeschäft** ist eines der wesentlichen Prinzipien des deutschen Zivilrechts **(Trennungsprinzip)**.

Im unmittelbaren Zusammenhang damit steht die Unabhängigkeit des Verfügungsgeschäftes von der Wirksamkeit des Verpflichtungsgeschäftes **(Abstraktionsprinzip)**. Gleichwohl kann eine getrennte (!) Prüfung ergeben, dass beide Geschäfte aus demselben Grund nichtig sind **(Fehleridentität)**.

☞ Wird jemand arglistig getäuscht oder bedroht, wirkt sich dies i.d.R. auf beide Rechtsgeschäfte aus. Es können beide Rechtsgeschäfte nach §§ 142 I, 123 angefochten werden.

Ausnahmen vom Abstraktionsprinzip:

- Die Parteien können die Wirksamkeit des Verpflichtungsgeschäftes als **Bedingung** (§ 158) für die Wirksamkeit der Verfügung vereinbaren, soweit dies nicht (wie in § 925 II) ausgeschlossen ist.
- Nach h.M. können die Parteien das Verpflichtungs- und das Verfügungsgeschäft zu einem **einheitlichen Rechtsgeschäft** i.S.d. § 139 verbinden.

Ansprüche

➲ Ein Anspruch ist das **Recht, von einem anderen ein Tun oder Unterlassen zu verlangen** (§ 194 I).

Bestandteile: ⚠ Sie gehören in **jeden Obersatz** und **jeden Ergebnissatz**.

- **Wer?**: Gläubiger (Rechtssubjekt)
- **Von Wem?**: Schuldner (Rechtssubjekt)
- **Was?**: Anspruchsinhalt/Rechtsfolge (oft: Verfügung über Rechtsobjekt und Realakt)
- **Woraus?**: Anspruchsgrundlage (Norm oder Vertrag)

Einwendungen und Einreden

Der Gläubiger kann seinen Anspruch nur geltend machen, soweit diesem keine **Einwendungen im weiteren Sinne** entgegenstehen:

- **rechtshindernde Einwendungen** lassen den Anspruch von vornherein nicht entstehen.
  ☞ Formnichtigkeit, § 125; Sittenwidrigkeit, § 138
- **rechtsvernichtende Einwendungen** vernichten den Anspruch erst im Nachhinein.
  ☞ Erfüllung (§ 362) wirkt ex nunc; Aufrechnung (§ 389) und Anfechtung (§ 142 I) mit gewisser Rückwirkung
- **rechtshemmende Einwendungen** hemmen die Durchsetzbarkeit des bestehenden Anspruchs zeitweise (**dilatorisch** ☞ Zurückbehaltungsrechte, § 273, § 320) oder dauerhaft (**peremptorisch** ☞ Verjährung, § 214 I; Einrede der Bereicherung, § 821), aber nur, soweit der Gläubiger sie geltend macht.

⚠ Einredebehaftete Ansprüche sind **erfüllbar** (vgl. § 813) und **abtretbar**.

⚠ Für „Anspruch entstanden; Anspruch nicht erloschen; Anspruch durchsetzbar“ gilt dasselbe wie für jedes **Schema: Nicht blind abspulen**, sondern nur problematische Punkte ausführlich ansprechen.

Willenserklärung (1) – Erklärungstatbestand

➲ Eine **Willenserklärung** ist die **Äußerung** jedes **auf die Herbeiführung einer Rechtsfolge gerichteten Willens**.

Äußerer Erklärungstatbestand und normative Auslegung

Der Sachverhalt muss den Schluss zulassen auf einen:

- **Handlungswillen:** erkennbar willensgesteuerte Tätigkeit;(☞ fehlt, wenn jemand beim Einschlafen mit dem Kopf „nickt")
- **Rechtsbindungswillen:** Erklärung auf (irgendeine) rechtliche Bindung gerichtet, 🗗 6–8;
- **bestimmten Geschäftswillen**: Erklärung lässt konkret angestrebte Rechtsfolge erkennen.
  Eine Vertragserklärung muss die **vertragswesentlichen Bestandteile (essentialia negotii)** enthalten, also die Vertragsparteien und die bestimmbaren Leistungs- und Gegenleistungspflichten (Verpflichtung) bzw. die bestimmbare Forderung (Verfügung über Forderung) bzw. die bestimmte Sache (Verfügung über Sache).

Für den äußeren Erklärungstatbestand spielt es bei **empfangsbedürftigen Erklärungen** wegen §§ 116, 117 I, 157 keine Rolle, ob der Erklärende den zum Ausdruck gekommenen Willen tatsächlich hatte. Entscheidend ist lediglich, **ob die Erklärung aus der Sicht des objektiven Empfängers die Tatbestandsmerkmale erfüllt** (normative Auslegung). Näher 🗗 19.

Bei **nicht empfangsbedürftigen Willenserklärungen** (☞ Testamente) ist hingegen nur der wirkliche innere Wille des Erklärenden maßgeblich **(natürliche Auslegung)**.

⚠ Durch Auslegung ist zu ermitteln,

- **ob** überhaupt eine **Willenserklärung** vorliegt, insbes. ob Rechtsbindungswille gegeben ist,
- welchen **Inhalt die Willenserklärung** hat und
- welchen **Inhalt der Vertrag** hat.

Willenserklärung (2) – Erklärungstatbestand

Innerer Erklärungstatbestand

Der tatsächliche innere Wille des Erklärenden muss idealerweise **spiegelbildlich zum objektiven Erklärungstatbestand** gerichtet sein auf:

1. **Handlungsbewusstsein:** Keine Wirksamkeit, wenn Erklärendem bereits Handlungsqualität nicht bewusst.
2. **Erklärungsbewusstsein:** ➲ Bewusstsein, irgendeine rechtsgeschäftliche Erklärung abzugeben.
   BGH: Ausreichend für Wirksamkeit ist **potenzielles Erklärungsbewusstsein**, wenn also der Erklärende hätte erkennen können, dass sein Verhalten als Willenserklärung aufgefasst wird.
   ⚠ Unterzeichnung eines **Blanketts:** Mangels vertragswesentlicher Bestandteile keinerlei Erklärungsbewusstsein, aber nach Ausfüllung durch Dritten wird ggf. Rechtsschein analog § 172 II zugerechnet.
3. **Geschäftswille:** konkret gewollte Rechtsfolgen; keine Wirksamkeitsvoraussetzung

⚠ Weicht der erklärte Geschäftswille von dem inneren Geschäftswillen ab oder liegt nur potenzielles Erklärungsbewusstsein vor, so ist die Erklärung **nach h.M. wirksam**, aber eine **Anfechtung** gem. §§ 142 I, 119 I möglich.

Mindesttatbestand einer Willenserklärung (h.M.)

Der äußere Erklärungstatbestand muss schließen lassen auf

Handlungswillen | Rechtsbindungswillen | Geschäftswillen

Handlungswille | potenzielles Erklärungsbewusstsein

dann Willenserklärung (+), aber §§ 142 I, 119 I möglich

Willenserklärung (3) – Rechtsbindungswille

➲ Eine empfangsbedürftige Erklärung muss gem. § 157 aus der Sicht des Empfängers darauf schließen lassen, **dass das Erklärte rechtlich verbindlich sein soll** (Rechtsbindungswille).

Bei Warenanspreisungen (invitatio ad offerendum) kein Rechtsbindungswille

- **Schaufensterauslagen** und **Zeitungsinserate** enthalten eine reine **Aufforderung** an den Käufer, **ein Angebot abzugeben** (Verkäufer will vorher Warenvorrat und Solvenz des Vertraspartners prüfen). Die Warenauslage im **Selbstbedienungsladen** ist hingegen nach (wohl) h.M. bereits eine verbindliche Erklärung in Form eines Angebots (Verkäufer muss Vorrat nicht mehr prüfen). Die Annahme erfolgt mit dem Vorlegen an der Kasse.
- Eine **Auslobung** erfolgt mit Rechtsbindungswillen (arg. § 657).
- Bei **Selbstbedienungstankstellen** ist bereits die betriebsbereite Zapfsäule das Angebot und die Selbstbedienung die Annahme (str.).
- Ein **freibleibendes Angebot** (§ 145 a.E.) ist nach h.M. im Zweifel nur eine invitatio. Allerdings wird ein auf sie folgendes Angebot der Gegenseite vom freibleibend Anbietenden durch Schweigen angenommen. Im Einzelfall kann aber eine Auslegung ergeben, dass es sich um ein verbindliches Angebot handelt, welches aber noch unverzüglich nach Zugang der Annahmeerklärung widerrufen werden kann.
- Beim **Versandhandel im Internet** ist die Präsentation der Produkte eine invitatio. Das Angebot gibt der Käufer in der Regel durch das Ausfüllen einer Bestellmaske oder das Versenden einer E-Mail ab. Die Annahme des Verkäufers erfolgt entweder per E-Mail oder spätestens konkludent per Versenden der Ware. Die E-Mail muss Rechtsbindungswillen erkennen lassen, eine bloße Bestellbestätigung als reine Wissenserklärung genügt nicht. Oft wird der Ablauf des Vertragsschlusses in den AGB (🗗 67 ff.) des Anbieters geregelt – diese gehen als Verkehrssitte i.S.d. § 157 der allgemeinen Auslegung vor, wenn sie wirksam einbezogen sind (🗗 14).

Willenserklärung (4) – Rechtsbindungswille

Bei Hilferufen kein Rechtsbindungswille

Aber oft finden die Regeln der **GoA** (§§ 677 ff., Schuldrecht BT 3) Anwendung.

Scheingeschäft, § 117

Simuliertes Geschäft ist unwirksam (§ 117 I). Mögliches **dissimuliertes Geschäft** ist wirksam, soweit keine anderen Nichtigkeitsgründe vorliegen (§ 117 II).

☞ Als Kaufpreis für ein Grundstück werden 150.000 € beurkundet, aber 250.000 € mündlich vereinbart: Kaufvertrag zu 150.000 € ist nichtig (§ 117 I). Kaufvertrag zu 250.000 € ist möglich (§ 177 II), aber formnichtig (§§ 125 S. 1, 311 b I 1), solange nicht geheilt (§ 311 b I 2).

Scherzgeschäft, § 118

Böser Scherz (Erklärender hofft, dass Empfänger den fehlenden Rechtsbindungswillen nicht bemerkt) wirksam, arg. § 116.

Guter Scherz (Erklärender erwartet, dass Empfänger den fehlenden Rechtsbindungswillen bemerkt; nach h.M. auch dann, wenn objektiv nicht erkennbar) und **misslungenes Scheingeschäft** (Empfänger erkennt nicht, dass Erklärender ein Scheingeschäft anstrebt) nichtig, aber Schadensersatz (§ 122).

Auskunft, Rat, Empfehlung

Begründet gemäß § 675 II **grds. keine Verpflichtung**. Indizien für **Ausnahme:**

- Auskunft für Empfänger erkennbar von **erheblicher Bedeutung** und Grundlage wesentlicher Entscheidung
- Auskunftgeber hat **besondere Sachkunde** und **eigenes wirtschaftliches Interesse**.

  ☞ Rat eines Rechtsanwalts

Willenserklärung (5) – Rechtsbindungswille

Gefälligkeit ➲ Leistung ohne Gegenleistung

Auslegungskriterien für die Frage, ob die Gefälligkeit rechtliche Folgen hat:

- **Wert** einer anvertrauten Sache
- **wirtschaftl. Bedeutung** der Angelegenheit
- erkennbares **Interesse des Begünstigten**
- **Zumutbarkeit** des mit einer rechtlichen Bindung einhergehenden **Risikos** für den Gefälligen (☞ Mitglied einer Lottospielgemeinschaft vergisst, zu tippen)

Alltägliche Gefälligkeit

Auslegung ergibt, dass Beteiligte keine Pflichten begründen wollten

Haftung **nur** nach **Deliktsrecht**. Nach der Lit. analog §§ 521, 599, 690 nur für Vorsatz und grobe Fahrlässigkeit. Dagegen spricht, dass das Auftragsrecht diese Erleichterung nicht vorsieht, also kein allgemeiner Rechtsgedanke vorliegt. Die Rspr. bejaht daher nur in **Ausnahmefällen** einen **Haftungsausschluss für leichte Fahrlässigkeit** aufgrund **ergänzender Vertragsauslegung**.

⚠ Auch bei der GoA möglich, wenn Geschäftsführer objektiv keine rechtliche Bindung will (☞ Großmutter fährt Enkel ohne Absprache mit Verein zum Fußballspiel).

Gefälligkeitsverh.

Auslegung ergibt, dass **keine Primärleistungspflichten**, sondern **nur Nebenpflichten** begründet werden sollen (**lt. BGH nicht anzuerkennen**, str.)

Bei schuldhafter Verletzung von Sorgfalts- bzw. Nebenpflichten Schadensersatz aus §§ 311 II Nr. 3, 241 II, 280 I und aus §§ 823 ff.

Gefälligkeitsvertrag, z.B. §§ 662, 598

Die Parteien haben **Rechtsbindungswillen** und es bestehen **Primär-, Sekundär- und Nebenleistungspflichten**.

- **Haftungsmaßstab:** Der Gefällige haftet wegen Nichterfüllung der Vertragspflichten nur für Vorsatz und grobe Fahrlässigkeit bzw. Sorgfalt in eigenen Angelegenheiten (§§ 521, 599, 690). Beim Auftrag hingegen Haftung für jede Fahrlässigkeit (§ 276 I).
- Wenn daneben aus **unerlaubter Handlung** gehaftet wird, so gilt nach **h.M.** auch i.R.d. §§ 823 ff. der Haftungsmaßstab der §§ 521, 599, 690 entsprechend.
- Der Gefällige kann sich unter erleichterten Voraussetzungen **einseitig** von der vertraglichen Bindung **lösen**, z.B. §§ 530, 528, 604, 671, 696.

Willenserklärung (6) – Wirksamwerden

nicht empfangsbedürftig

Abgabe

➲ **Endgültige willentliche Entäußerung**

☞ Auslobung, Testament, Eigentumsaufgabe an beweglichen Sachen (§ 959), Zugang der Annahmeerklärung wegen Verkehrssitte oder Verzicht nicht erforderlich (§ 151)

empfangsbedürftig

Abgabe

➲ Die **Erklärung wird vom Erklärenden willentlich so in den Verkehr gebracht**, dass **ohne sein weiteres Zutun der Zugang** der Erklärung eintreten kann.

- Die **mündliche** Erklärung ist abgegeben, sobald der Erklärende sie ausgesprochen hat.
- Die **schriftliche** und die **digitale** Erklärung ist abgegeben, sobald sie auf dem Weg zum Empfänger ist.

  ☞ Briefübergabe an Zustelldienst; Sendebefehl bei E-Mail, SMS u.ä.
- **Abhandengekommene** WE
  - Lit.: wie fehlendes Erklärungsbewusstsein (also WE [+], aber §§ 142 I, 119 I möglich)
  - Rspr.: keine Abgabe, selbst wenn Erklärender das Inverkehrbringen zu vertreten hat; aber §§ 311 II, 241 II, 280 I

  ☞ Sekretärin schickt Brief aus Papierkorb ab, weil sie meint, er sei aus der Unterschriftenmappe gefallen.

Zugang

➲ Sobald die Erklärung derart in den **Machtbereich des Empfängers gelangt**, dass bei gewöhnlichen Verhältnissen damit zu rechnen ist, er **könne von ihr Kenntnis erlangen**.

- Eine **schriftliche** Willenserklärung geht unter **Anwesenden** mit der Aushändigung des Schriftstücks zu.
- Für **mündliche** Erklärungen gilt nach h.M. die **abgeschwächte Vernehmungstheorie**. Die Erklärung geht zu, wenn der Empfänger sie akustisch vernommen hat und der Erklärende damit rechnen konnte, dass der Empfänger seine Erklärung richtig verstanden hat.
- Zugang unter **Abwesenden** 🗗 10
- Zugang beim **nicht voll Geschäftsfähigen:** § 131

Willenserklärung (7) – Zugang unter Abwesenden

Unter Abwesenden kann der Zugang einer Erklärung bewirkt werden, indem

sie einem **Empfangsboten** ggü. abgegeben wird.

➲ Empfangsbote ist derjenige, der vom Empfänger zur Empfangnahme **bestellt** ist oder nach der Verkehrsanschauung zur Übermittlung **geeignet** ist und als **ermächtigt** gilt.

- Nach der **Verkehrsanschauung** gelten als ermächtigt: die im Haushalt des Empfängers lebenden Personen, soweit sie die für die Übermittlung einer Willenserklärung notwendige Reife besitzen, und Betriebsangehörige, soweit sie ihrer Stellung nach zur Empfangnahme befugt sind.
- **Zeitpunkt** des Zugangs: Wenn bei Zugrundelegung normaler Verhältnisse mit Kenntnisnahme des Empfängers gerechnet werden kann.

⚠ Bei Übergabe an einen **Empfangsvertreter** gem. § 164 III handelt es sich um einen Zugang unter **Anwesenden** (🗗 23).
Der Zugang beim Empfänger tritt bereits mit Zugang beim Empfangsvertreter ein.

sie in **Empfangsvorrichtungen** des **Empfängers** geschafft wird.

- Ist die Erklärung in die Empfangsvorrichtung (Briefkasten; Faxgerät; Mailserver; Nachrichtenspeicher des Handys) geschafft worden, so ist sie in den **Machtbereich des Empfängers** gelangt.
- Die Erklärung geht zu dem **Zeitpunkt** zu, in dem bei Zugrundelegung normaler Verhältnisse mit der Kenntnisnahme der Erklärung gerechnet werden kann.

☞ Bei einem Fax, welches um 11 Uhr abends ankommt, Zugang erst am nächsten Morgen; bei einer geschäftlichen E-Mail während der Geschäftszeiten sofort oder spätestens binnen weniger Stunden (str.).

Willenserklärung (8) – Zugangsverhinderung

- Nach h.M. wird der Zugang fingiert, wenn eine **grundlose Annahmeverweigerung** oder eine **arglistige Zugangsverhinderung** vorliegt.
- Bei **sonstigen**, vom Empfänger **zu vertretenden Zugangshindernissen** ist eine erneute Zustellung erforderlich, die dann aber auf den Zeitpunkt der ersten Zustellung zurückwirkt.
- Bei **Zugangshindernissen**, die der Adressat **nicht zu vertreten** hat, besteht hingegen keine Rückwirkung der erneuten Zustellung.
  - ⚠ Kein Zugang, wenn **Einschreiben** gegen Übergabe oder gegen Rückschein wegen Abwesenheit des Empfängers nicht übergeben werden kann. Ein Einwurf-Einschreiben geht hingegen mit Einwurf zu.
  - ⚠ Hat ein **Faxgerät** kein Papier vorrätig, dann kommt es zum Zugang, sobald das Dokument vollständig in den Speicher des Empfangsgerätes gelangt ist und nach den gewöhnlichen Umständen mit der Kenntnisnahme durch den Empfänger zu rechnen ist.

⚠ Die Willenserklärung wird nicht wirksam, wenn vorher oder gleichzeitig mit dem Zugang ein **Widerruf** zugeht, § 130 I 2. Der Widerruf ist eine Willenserklärung, er kann daher seinerseits widerrufen werden und er unterliegt auch im Übrigen den Regelungen des BGB AT.

Vertragliche Einigung (1)

- Die Art und Weise des **Zustandekommens des Vertrages**, also das „wie“, ist in den **Regeln über Rechtsgeschäfte, §§ 104 ff.**, kodifiziert.
- Der **Inhalt des Vertrages** ergibt sich aus den **zwingenden Regeln** des jeweiligen Sachgebietes, z.B. Schuldrecht, Sachenrecht, Familienrecht, Erb- und Gesellschaftsrecht, hilfsweise aus der **Parteivereinbarung und ihrer Auslegung**, wiederum hilfsweise aus den **dispositiven gesetzlichen Regeln** und wiederum hilfsweise aus **ergänzender Vertragsauslegung** (🗗 19).

Vertragsschluss

- **Einigung**
  - Angebot und Annahme
    - 🗗 13
  - Gemeinsame Formulierung
    - Der Vertragsschluss kann auch durch gemeinsame Formulierung erfolgen (s. auch 🗗 17). Auch dann müssen bei jeder Partei die **Voraussetzungen der Willenserklärung** erfüllt sein.
- **sonstiges Verhalten**
  - 🗗 17

⚠ Der Eintritt der erstrebten **Rechtsfolgen** kann von **weiteren Voraussetzungen** wie z.B. Übergabe, Eintragung in ein Register, Zustimmung eines Dritten, einer Behörde oder eines Gerichtes abhängig sein.

☞ Die Eltern bedürfen in den in §§ 1643, 1821, 1822 und der Vormund in den in §§ 1821, 1822 genannten Fällen der Genehmigung des Familiengerichts. Der Gläubiger muss die Schuldübernahme, die Schuldner und Dritter vereinbaren, genehmigen (§ 415 I 1). Verfügungen über Grundstücke müssen ins Grundbuch eingetragen werden (§§ 873 I, 875, 877). Bei Verfügungen über bewegliche Sachen muss die Sache übergeben werden (§ 929 S. 1; § 1205 I 1).

Vertragliche Einigung (2)

Einigung

Angebot (auch: Antrag)

➲ WE, die inhaltlich so bestimmt ist, dass der andere mit **„Ja“** eine Einigung herbeiführen kann. Sie muss zumindest die wesentlichen Vertragsbestandteile (essentialia negotii) enthalten.

Siehe 6 zum freibleibenden Angebot.

Annahme

➲ Die **Annahme** ist die **uneingeschränkte Zustimmung** zu dem Angebot.

Jeweils Mindestvoraussetzungen der WE (4, 5) sowie Abgabe und Zugang (9–11; beachte § 151 ([s.u.]) erforderlich.

Besonderheiten bei der Annahme

- Die Annahme muss innerhalb der vereinbarten oder gesetzlichen **Frist** erfolgen, §§ 147–148. Ist sie rechtzeitig abgegeben, aber verspätet zugegangen, so ist sie nach § 149 nur bei unverzüglicher Anzeige durch den Anbietenden unwirksam. Wird die Annahmefrist versäumt, erlischt das Angebot gem. § 146.
- Eine **verspätete Annahme** gilt als **neues Angebot**, § 150 I. Eine **Annahme** unter **Änderungen** gilt als **Ablehnung** und **neues Angebot**, § 150 II.
- Der **Zugang** (nicht: die Abgabe) kann nach der Verkehrssitte oder bei Verzicht entbehrlich sein, § 151.
- **Verstirbt** der Anbietende nach Abgabe des Angebotes oder wird er **geschäftsunfähig**, so ist dies für die Wirksamkeit ohne Bedeutung, § 130 II, und die Annahme gem. § 153 weiter möglich.

Vertragliche Einigung (3)

Online-Auktionen

- Nach ganz h.M. **keine Versteigerung i.S.d. § 156**. Eine Internet-Auktion endet nicht mit einer abschließenden Willenserklärung des Versteigerers (Zuschlag), sondern durch Zeitablauf.

  ⚠ Daher ist das **Widerrufsrecht** aus §§ 312 g I, 312 c **nicht** gem. § 312 g II 1 Nr. 10 **ausgeschlossen**.

- Der Vertrag kommt durch **Angebot** und **Annahme** zustande. Maßgeblich für den genauen Ablauf sind die AGB des Auktionshauses (keine unmittelbare Geltung, aber Verkehrssitte i.S.d. § 157).

  ☞ Verkäufer gibt durch Auktionsstart ein verbindliches Kaufangebot ab, das sich an den richtet, der innerhalb der Laufzeit das höchste Gebot abgibt (eBay).

  ☞ Verkäufer erklärt mit Auktionsstart antizipierte Annahme, Gebot des Höchstbietenden ist Angebot.

- Beim **Verbrauchsgüterkauf** ist (auch außerhalb von Auktionen) § 312 j III zu beachten (**Button „zahlungspflichtig bestellen“** o.ä.). Ansonsten kommt gem. § 312 j IV kein Vertrag zustande.

- Der Vertrag ist **nicht** gem. § 134 BGB i.V.m. § 34 b GewO nichtig. § 34 b GewO ist kein Verbotsgesetz und überdies ist nach h.M. eine Internet-Auktion auch **keine Versteigerung i.S.d. § 34 b GewO**.

- Der Vertrag ist auch **nicht** gem. § 138 I wegen eines **wucherähnlichen Geschäfts** nichtig, selbst wenn Wert und Kaufpreis der Sache stark auseinanderfallen. Dieses Risiko gehen beide Parteien ganz bewusst ein: Der Bietende hofft durch Abgabe eines niedrigen Gebots, den Auktionsgegenstand zum „Schnäppchenpreis“ zu erwerben, während der Anbietende auf einen hohen Kaufpreis durch gegenseitiges Überbieten hofft.

- Die Erklärungen sind auch nicht gem. § 762 unverbindlich, da Online-Auktionen (ebenso wie herkömmliche Versteigerungen) **kein Spiel** und **keine Wette** darstellen, sondern der ernsthaften Ermittlung des Marktwertes dienen.

Vertragliche Einigung (4)

Online-Auktionen (Fortsetzung)

- Der **Abbruch einer Auktion** und die **Rücknahme eines Gebots** sind nur in den vom Gesetz oder von den AGB zugelassenen Fällen (☞ bei eBay im Fall eines Anfechtungsrechts) zulässig. Bei Unzulässigkeit des Abbruchs bzw. der Rücknahme kommt ein Kaufvertrag zum aktuellen Höchstgebot zustande. Kann der Verkäufer die Kaufsache nicht mehr liefern, so schuldet er Schadensersatz in Höhe des objektiven Wertes der Kaufsache (§ 311 a II bzw. §§ 280 I u. III, 283 i.V.m. § 249 II oder § 251 I). Der Anspruch kann daher deutlich höher als das Höchstgebot sein.

  Ausnahme: Abbruchjäger, der massenhaft auf irrtümliche Auktionen bietet und auf Schadensersatz spekuliert. Dieser hat wegen Rechtsmissbrauchs (§ 242) keinen Anspruch.

- **Bid Shielding:** höheres Gebot wirksam (§§ 130 I 2, 116 S. 1, 117 I, 118, 142 I jeweils [-])

  ☞ K bietet mit Account I 30 €, dann mit Account II 600 €. Andere Interessenten sehen „600 €" und werden abgeschreckt. Kurz vor Auktionsende widerruft K Angebot II. Der Kaufvertrag kommt trotzdem i.H.v. 600 € zustande.

- **Shill Bidding:** Verkäufer treibt mit zweitem Account den Preis hoch. Kaufvertrag kommt mit dem Höchstbietenden zustande. Der Kaufpreis entspricht seinem letzten Gebot vor Manipulationsbeginn oder – wenn ein Dritter mitbietet – seinem letzten Gebot, das an das Gebot des Dritten anschließt.

Vertragliche Einigung (5)

Dissens (Einigungsmangel bzgl. unwesentlicher Vertragsbestandteile)

offener Dissens, § 154

Der Einigungsmangel über Nebenpunkte (accidentialia negotii) ist den Parteien **bekannt**.

Rechtsfolge: Der Vertrag ist **im Zweifel nicht geschlossen**.

⚠ Enthalten die **AGB** der Parteien sich **widersprechende Regelungen**, so bringt der Leistungsaustausch zum Ausdruck, dass die AGB nicht so wichtig sind, dass der Vertrag daran scheitern soll. Soweit die AGB sich widersprechen, sind sie ungültig und es gilt dispositives Recht.

versteckter Dissens, § 155

Der **Einigungsmangel** ist den Parteien **unbekannt** geblieben, obwohl sie sich über den Punkt einigen wollten. Der Vertag ist **grds. nichtig**, es sei denn, die Parteien hätten den Vertrag auch ohne den ausstehenden Punkt geschlossen (Rechtsfolge entspricht § 139).

Fallgruppen:

- Vergessen, Übersehen
- Erklärungsdissens (Parteien glauben an nicht bestehende Vollständigkeit)
- Scheinkonsens (Erklärungen objektiv mehrdeutig und subjektives Verständnis unterschiedlich)

Ohne eine Einigung über die **wesentlichen Vertragsbestandteile** (essentialia negotii) kommt ein Vertrag nicht zustande **(Totaldissens)**. Ausreichend ist aber Möglichkeit der Leistungsbestimmung durch Auslegung oder durch Anwendung des dispositiven Rechts (§§ 612 II, 632 II, 653 II, 315 ff.).

☞ Ein Mietvertrag kommt in Höhe der ortsüblichen Miete auch ohne die Einigung über die Miete zustande, wenn sich die Parteien über die entgeltliche Überlassung des Gebrauchs geeinigt haben.

Unterschied Dissens/Anfechtung: Beim Dissens stimmen die äußeren Erklärungstatbestände der Parteien nicht überein. Bei der Anfechtung gem. § 119 I stimmt der äußere und der innere Erklärungstatbestand einer Partei nicht überein. Siehe dazu auch die Skizze auf 🗗 19.

Vertragliche Einigung (6)

Einigung ohne Angebot und Annahme

- **gemeinsame Erklärung**
- **Realofferte und sozialtypisches Verhalten**, selbst bei entgegenstehendem, ausdrücklich erklärtem Willen
  ☞ Einsteigen in U-Bahn
- **Fortsetzung eines beendeten Vertrages** (Miete, § 545; Dienstvertrag, § 625)

Schweigen

- kraft **Vereinbarung** Wirkung als Annahme
- kraft **Gesetzes**, § 362 I HGB, § 5 III PflVersG, § 516 II 2
- § 242, wenn **Rechtspflicht zur Gegenerklärung**

auf **kaufmännisches Bestätigungsschreiben:**

1. Parteien = **Kaufleute** oder Teilnahme am Wirtschaftsleben
2. **Vertragsverhandlungen** der Parteien oder ihrer Vertreter
3. **Bestätigung** eines **Vertragsschlusses** mit seinem wesentlichen Inhalt. Ergänzungen nur zulässig, soweit mit Billigung gerechnet werden kann (vs. **Auftragsbestätigung:** Annahme bzw. neues Angebot, § 150 II).
4. **Zugang** des Bestätigungsschreibens in **engem zeitlichen Zusammenhang**
5. **Kein unverzüglicher Widerspruch** des Empfängers
6. **Rechtsfolge:** Vertrag mit dem Inhalt des Bestätigungsschreibens

Grundsätzlich hat Schweigen keine Bedeutung. In Einzelfällen gilt das Schweigen jedoch als **Genehmigung** (☞ § 416 II 2, § 455 S. 2, § 75 h HGB, § 91 a HGB) oder als **Ablehnung einer Genehmigung** (☞ § 108 II 2, § 177 II 2, § 415 II 2).

Einseitige Rechtsgeschäfte

BGB AT

- Anfechtungeerklärung, § 143 🗗 64
- Widerruf, § 130 🗗 11
- Bevollmächtigung, § 167 🗗 27
- Zustimmung, § 182 🗗 34, 35

Schuldrecht

- Auslobung, § 657
- Rücktrittserklärung, § 349
- Kündigungserklärung, z.B. §§ 314, 543 IV, 489, 608
- Widerrufserklärung, § 355 I
- Aufrechnungserklärung, § 388

Sachenrecht

- Widerruf der Einigung bis zum Vollzug (Ausnahme § 873 II)
- § 959, § 928: Eigentumsaufgabe
- § 875: Aufhebung eines Rechtes

Erbrecht

- Testament, § 2064
- Ausschlagung der Erbschaft, § 1946
- Widerruf, §§ 2253 ff.

Für die einseitigen Rechtsgeschäfte gelten die allgemeinen Regeln mit folgenden Besonderheiten:

- Sie sind **bedingungsfeindlich**. Zulässig ist eine **Potestativbedingung** (abhängig vom Willen des Erklärungsempfängers) und eine **Rechts„bedingung“** (abhängig von der Beurteilung einer Rechtsfrage, kein Fall des § 158).
- Einseitige Rechtsgeschäfte eines **Vertreters ohne Vertretungsmacht** bzw. **ohne Vorlage der Vollmachtsurkunde** oder eines **Minderjährigen** ohne Einwilligung sind nichtig, §§ 180, 174, 111.

Geschäftsähnliche Handlung

Rechtsfolge tritt unabhängig vom Willen ein. Regelungen über einseitige Rechtsgeschäfte gelten entsprechend.

☞ Fristsetzung, §§ 281 I, 323 I; Mahnung, § 286 I; Wahl der geschuldeten Leistung, § 263 I

Auslegung empfangsbedürftiger Willenserklärung, §§ 133, 157

Grundsätzlich normative Auslegung: Sichtweise eines **objektiven Empfängers** (s. 🗗 4)

Sonderfall ergänzende Vertragsauslegung: Eine **Lücke im Vertrag**, für welche keine dispositive gesetzliche Regelung besteht **(Lücke im Gesetz)** wird so geschlossen, wie es die Parteien bei Kenntnis der Lücke redlicherweise getan hätten **(hypothetischer Parteiwille)**.

Ausnahmsweise keine normative Auslegung:

- Bei **nicht empfangsbedürftigen Willenserklärungen** (natürliche Auslegung 🗗 4)
- An **Vorformulierungen durch den Empfänger**, insbes. bei der invitatio (☞ Speisekarten, Preisschilder; 🗗 6), ist dieser gebunden. Str., ob dies auch bei Verfälschung durch Dritte gilt.
- Wahrer **Geschäftswille des Erklärenden weicht erkennbar** von normativer Auslegung **ab**.
- Geschäftswille beider Parteien weicht in identischer Weise von normativer Auslegung ab **(falsa demonstratio non nocet)**.

falsa demonstratio, Abgrenzung zu Anfechtung und Dissens

Objektive Tatbestände identisch?

V sagt „Birnen“ / K sagt „Äpfel“ → **Nein:** Totaldissens oder §§ 154 f.

V sagt „Birnen“ / K sagt „Birnen“ →

Ja: Subjektive Tatbestände identisch?		
K denkt / V denkt	„Birnen“	„Äpfel“
„Birnen“	Vertrag über Birnen (+)	Vertrag über Birnen (+), aber §§ 142 Abs. 1, 119 Abs. 1 Var. 2 für K
„Äpfel“	Vertrag über Birnen (+), aber §§ 142 Abs. 1, 119 Abs. 1 Var. 2 für V	Vertrag über Äpfel (+), falsa demonstratio non nocet

Bedingung, §§ 158–162

Auslegung nach §§ 133, 157, ggf. **Auslegungsregeln** im Gesetz (§§ 449 I, 454 I 2, 2075)

- Rechtsfolgen der Erklärung sollen erst mit dem Eintritt eines zukünftigen ungewissen Ereignisses entstehen: **aufschiebende Bedingung, § 158 I** (Prüfungspunkt: Anspruch entstanden/Erklärung wirksam).
- Rechtsgeschäft soll bereits mit Abschluss wirksam werden, aber mit dem Eintritt eines ungewissen Ereignisses enden: **auflösende Bedingung, § 158 II** (Prüfungspunkt: Anspruch untergegangen/Erklärung vernichtet).

Bedingungsfeindlich sind z.B.: Auflassung, § 925 II; Eheverträge; einseitige Rechtsgeschäfte (Gestaltungsrechte: Anfechtung, Rücktritt, Kündigung, Widerruf, Aufrechnung, § 388 S. 2). **Rechts„bedingungen“** sind stets zulässig, da sie nicht von einem tatsächlichen Ereignis abhängen, also nicht unter § 158 fallen.

Schutz des bedingt Berechtigten nach §§ 160–162:

- **Schadensersatz** bei **verschuldeter Beeinträchtigung**, § 160
- Schutz vor **beeinträchtigenden Verfügungen** gemäß § 161, wenn nicht §§ 161 III, 932 ff. greifen
- Schutz vor **unzulässigen Einwirkungen** gemäß § 162: Der Bedingungseintritt gilt als (nicht) erfolgt.

Befristung, §§ 158, 160, 161, 163

Befristet ist ein Rechtsgeschäft, wenn seine Rechtswirkungen von einem **zukünftigen, gewissen Ereignis aufschiebend** (Anfangstermin, 🗗 74) oder **auflösend** (Endtermin) abhängig gemacht werden, § 163. Auf die Befristung finden §§ 158, 160, 161 entsprechende Anwendung.

Stellvertretung, §§ 164 ff. (1)

(Stell-)Vertretung i.S.d. §§ 164 ff. ist **rechtsgeschäftliches Handeln für einen anderen.** Es sind **drei Personen** beteiligt:

- der **Vertreter**, der die Willenserklärung im fremden Namen abgibt, der also das Rechtsgeschäft für einen anderen tätigt **(Aktiv- oder Erklärungsvertretung, § 164 I)**, oder der die Willenserklärungen für den anderen entgegennimmt **(Passiv- oder Empfangsvertretung, § 164 III)**;
- der **Vertretene**, bei dem die Rechtsfolgen der abgegebenen bzw. entgegengenommenen Willenserklärung eintreten sollen und auch tatsächlich eintreten, sofern der Vertreter Vertretungsmacht besitzt;
- der **Vertragspartner** bzw. Geschäftsgegner, dem gegenüber der Vertreter im fremden Namen auftritt.

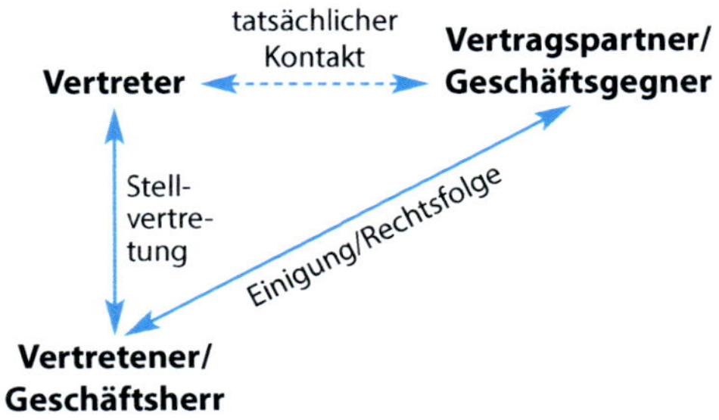

Aufbauschema

I. Zulässigkeit 🗗 22

II. Eigene Willenserklärung 🗗 23, 24

III. Im fremden Namen (Offenkundigkeit) 🗗 25

IV. Mit Vertretungsmacht 🗗 26 ff.

IV. Rechtsfolgen 🗗 32

Stellvertretung (2) – Zulässigkeit

Die Vertretung ist zulässig bei allen **Rechtsgeschäften**, die **nicht höchstpersönlicher Natur** sind.

- Höchstpersönliche Rechtsgeschäfte existieren insbes. im **Erb- und Familienrecht**
  ☞ Eheschließung, § 1311; Anfechtung der Vaterschaft, § 1600 a I; Errichtung einer Verfügung von Todes wegen, § 2064; Widerruf der testamentarischen Anordnung, §§ 2254, 2256; Erbverzicht, §§ 2347 II, 2351.
- Vertragspartner können auch vereinbaren, dass Rechtsgeschäfte zwischen ihnen höchstpersönlich abgeschlossen werden müssen **(gewillkürte Höchstpersönlichkeit)**.

⚠ **Genehmigung** bei höchstpersönlichen Geschäften **nicht möglich**, § 177 gilt nicht.

§§ 164 ff. werden entsprechend bei **geschäftsähnlichen Handlungen** angewandt.

☞ Mahnung

§§ 164 ff. können **nicht** bei **anderen rechtlich erheblichen Verhaltensweisen** angewandt werden. Insbes. gibt es keine Stellvertretung bei:

- der Ausführung von **Realakten**, wie Verbindung, Vermischung, Verarbeitung gem. §§ 946 ff.;
- dem **Erwerb** oder der **Übertragung** des **Besitzes**, insbesondere bei der Übergabe i.S.d. §§ 929 ff.;
- der Vornahme rechtswidriger **Handlungen**; diese werden unter den Voraussetzungen der §§ 278, 31, 89 zugerechnet. (§ 831 ist hingegen nach h.M. keine Zurechnungsnorm für fremdes Handeln, sondern begründet eine Haftung für eigenes Handeln.)

Stellvertretung (3) – Eigene Willenserklärung (1)

Der Vertreter gibt eine **eigene** Willenserklärung ab, während der **Bote** nur eine **fremde Willenserklärung überbringt**. Entscheidend für die Abgrenzung ist nach h.M. die **Empfängersicht**. Eine eigene Willenserklärung liegt vor, wenn der Vertreter einen eigenen Entscheidungsspielraum hat oder zwar nach festen Weisungen handelt, aber als Vertreter auftritt, sog. **Vertreter mit gebundener Marschroute**.

Die **Abgrenzung** zwischen Vertreter und Bote ist in folgenden Fällen **von Bedeutung:**

- Vertreter kann gem. **§ 165** eine in der **Geschäftsfähigkeit** beschränkte Person sein, Erklärungsbote auch ein Geschäftsunfähiger. Merkspruch: Und ist das Kindlein noch so klein, so kann es doch ein Bote sein.
- Ist ein Rechtsgeschäft **formbedürftig**, muss bei Stellvertretung (grds. nur, § 167 II) die Erklärung des Vertreters die Form wahren, bei der Botenschaft hingegen die Erklärung des Geschäftsherrn.
- Hinsichtlich einer **Kenntnis** ist grds. auf den Stellvertreter abzustellen (§ 166 I), bei der Botenschaft hingegen auf den Geschäftsherrn.
- Beim **Empfang** einer Willenserklärung (§ 164 III)
  - ist für ihre **Auslegung** der Horizont des Empfangsvertreters, bei der Botenschaft aber der des Geschäftsherrn maßgeblich.
  - erfolgt der **Zugang** beim Geschäftsherrn zeitgleich mit dem Zugang beim Vertreter, während bei der Botenschaft maßgeblich ist, wann mit der Kenntnisnahme des Geschäftsherrn gerechnet werden kann.

⚠ Wie für jede Abgrenzung gilt: Wenn es **auf die Abgrenzung nicht ankommt**, dann ist diese nicht ausführlich zu erörtern. Insbesondere die Hauptrechtsfolge – Zurechnung der Erklärung bzw. ihrer Empfangnahme an den Geschäftsherrn – tritt in beiden Fällen ein, soweit Vertretungsmacht bzw. Botenmacht (🗗 26) besteht.

Stellvertretung (4) – Eigene Willenserklärung (2)

Innenverhältnis (Auftrag, Arbeitsvertrag):
Was **darf** der Handelnde gegenüber dem Geschäftsherrn?
Außenverhältnis (Vertretungsmacht):
Was **kann** der Handelnde gegenüber dem Geschäftsgegner?

} **Abstrakt**, d.h. muss nicht zwingend übereinstimmen.
Ausnahme: § 139

Auftreten des Vertreters als Bote und des Boten als Vertreter

- wenn von Vertretungs- oder Botenmacht gedeckt: unschädlich im Außenverhältnis (Ausn.: Missbrauch der Vertretungsmacht 🗗 31), Sanktionen im Innenverhältnis
- wenn nicht von Vertretungs- oder Botenmacht gedeckt
  - Handelnder tritt als Vertreter auf: §§ 177–179
  - Handelnder tritt als Bote auf
    - und übermittelt bewusst falsch oder ohne jeden Auftrag: §§ 177–179 analog
    - und übermittelt unbewusst falsch: § 120

Stellvertretung (5) – Im fremden Namen

Der Vertreter muss **deutlich machen**, dass die **Rechtsfolgen** nicht ihn, sondern **einen anderen** treffen sollen **(Offenkundigkeitsprinzip)**. Das kann sich auch aus den Umständen ergeben, § 164 I 2.

☞ Unternehmensbezogenes Geschäft; offenes Handeln für einen noch zu benennenden Dritten

Einschränkungen des Offenkundigkeitsgrundsatzes:

- Beim **„Geschäft für den, den es angeht"** ist es dem Empfänger der Erklärung gleichgültig, wer sein Vertragspartner ist (grds. bei Bargeschäften des täglichen Lebens). Vertragspartner wird der Geschäftsherr.
- Beim **Handeln unter fremdem Namen** finden die §§ 164 ff. entsprechende Anwendung, wenn eine **Identitätstäuschung** vorliegt, also der Vertragspartner den Vertrag nur geschlossen hat, weil er ihn mit dem wahren Namensträger abschließen wollte. Vertragspartner wird der Geschäftsherr (☞ Missbrauch eines eBay-Accounts). Bei der bloßen **Namenstäuschung** wird hingegen der Handelnde Vertragspartner (☞ Rockstar James Hettfield checkt im Hotel als „John Smith" ein).

Auslegungsregel des § 164 II:

Wird der **Wille, im fremden Namen zu handeln**, nicht hinreichend deutlich, so liegt ein **Eigengeschäft des Vertreters** vor. Das hat vor allem Relevanz, wenn der Vertreter **anfechten** will:

- Aus dem Wortlaut folgt, dass ein Rechtsgeschäft **nicht angefochten** werden kann, wenn der **Vertreter im fremden Namen** handeln **will**, aber **im eigenen Namen** handelt.
- Zweifelhaft ist, ob eine Anfechtung möglich ist, wenn der Vertreter **im fremden Namen** handelt, aber **im eigenen Namen** handeln **will**. Nach der Rspr. ist eine Anfechtung nicht möglich, beide Fälle seien gleich zu behandeln. Nach der Lit. ist eine Anfechtung möglich, da es sich bei § 164 II um eine nicht analogiefähige Ausnahmevorschrift handele. Str. ist allerdings, ob das Anfechtungsrecht dann dem Vertreter oder dem Vertretenen zusteht.

Stellvertretung (6) – Vertretungsmacht

1) Rechtsgeschäft (Vollmacht, § 166 II 1) 27

2) Gesetz 30

3) Rechtsschein

§§ 170–173

Duldungsvollmacht	**Anscheinsvollmacht**
1. Auftreten als Vertreter i.d.R. wiederholt und von gewisser Dauer **(Rechtsschein)**	
2. Kenntnis des Vertretenen vom Auftreten des Vertreters und duldet dies **(Rechtsschein zurechenbar veranlasst)**.	2. **Fahrlässige Unkenntnis** des Vertretenen vom Auftreten des Vertreters und Möglichkeit der Verhinderung
3. **Vertragspartner gutgläubig** bzgl. Bestehen der Vertretungsmacht	
4. **Rechtsfolge:** Vertretungsmacht (+), also **Erfüllungshaftung**	h.M.: Vertretungsmacht (+), also **Erfüllungshaftung** a.A.: Vertretungsmacht (-), nur **Vertrauenshaftung** (§§ 280 I, 311 II, 241 II)

5. **Anfechtbarkeit:**
- Irrtum über Bedeutung des Duldens/Schweigens ist **unbeachtlicher Motivirrtum über die Rechtsfolge**
- Irrtum über Inhalt der Vollmacht oder andere Tatsachen sehr str.:
  - auch Dulden = Rechtsschein (h.M.; a.A.: konkludente Erklärung)
  - Rechtsschein anfechtbar? Dafür: sonst stärkere Haftung als bei Willenserklärung, obwohl letztlich auch Willenserklärung Vertrauenstatbestand ist, weil objektiver Empfängerhorizont maßgeblich; dagegen: nur Willenserklärung kann Willensmangel haben und anfechtbar sein.

Stellvertretung (7) – Erteilung der Vollmacht

Die Vollmachtserteilung ist ein **einseitiges Rechtsgeschäft**. Sie wird wirksam mit **Zugang**.

Vollmachtserteilung kann in der Weise erfolgen, dass der Vollmachtgeber

- gegenüber dem Vertreter Vollmacht erteilt, **Innenvollmacht**, § 167 I Var. 1,
- gegenüber dem künftigen Geschäftspartner die Bevollmächtigung erklärt, sog. **Außenvollmacht**, § 167 I Var. 2. oder
- durch bewusste Erklärung an die **Öffentlichkeit** (h.M.).

Nach **Umfang** der Vollmacht ist zu unterscheiden zwischen Einzelvollmacht, Gattungs- bzw. Artvollmacht und Generalvollmacht.

Die Vollmachtserteilung ist **grundsätzlich nicht formbedürftig**, § 167 II.

- Ein Formerfordernis kann allerdings **rechtsgeschäftlich** vereinbart werden oder **gesetzlich** vorgesehen sein (z.B. §§ 492 IV 1, 1484 II, 1945 III BGB, 2 II, 47 III GmbHG, § 80 ZPO, § 29 GBO, § 12 II HGB).
- Die Einhaltung einer Form ist auch erforderlich, wenn der Vollmachtgeber **so gebunden** ist **wie** durch das **formbedürftige Rechtsgeschäft selbst** (☞ unwiderrufliche Vollmacht für formbedürftigen Grundstückskaufvertrag, § 311 b I).
- Bei **formbedürftiger Bürgschaft** bedarf nach der Rspr. die Vollmacht des Bürgen der Form des § 766. Dies gilt auch für die **Ausfüllungsermächtigung** bei einer **Blankettbürgschaft**.

Stellvertretung (8) – Erlöschen der Vollmacht

Die Vollmacht erlischt, wenn

- **das zugrundeliegende Rechtsgeschäft** (☞ Arbeits-, Dienst- oder Geschäftsbesorgungsvertrag) **erlischt, § 168 S. 1.**
  - Nach Maßgabe der §§ 674, 729, 169 kann die erloschene Vollmacht gegenüber dem Gutgläubigen **als fortbestehend geltend**.
  - Im Fall des **Todes des Beauftragten** erlischt i.d.R. auch die Vollmacht, §§ 168, 673, 675.
  - Mit dem **Tod des Auftraggebers** erlischt gem. § 672 der Auftrag und damit die Vollmacht grundsätzlich nicht (transmortale Vollmacht; vs. postmortale Vollmacht, die erst ab Tod des Vollmachtgebers gilt, §§ 158 I, 163).
- der Vollmachtgeber die Vollmacht **widerruft** (§ 168 S. 2; einseitige empfangsbedürftige Willenserklärung). Gem. §§ 168 S. 3, 167 I kann dies sowohl gegenüber dem Bevollmächtigten als auch gegenüber dem Geschäftspartner geschehen, unabhängig davon, wem gegenüber die Vollmacht erteilt wurde.

  ⚠ Es kann ausnahmsweise eine **unwiderrufliche Vollmacht** erteilt werden, wenn der Bevollmächtigte ein besonderes Eigeninteresse an der Bevollmächtigung hat, das dem Interesse des Vollmachtgebers an der Widerruflichkeit zumindest gleichwertig ist. Auch dann ist ein Widerruf aus **wichtigem Grund** möglich, §§ 626, 723 analog.
- Daneben kommen in Betracht:
  - **Anfechtung** der Vollmacht, 🗗 29
  - Beendigung nach dem Inhalt der Vollmacht, z.B. **auflösende Bedingung, Befristung** (§§ 158 II, 163)
  - nach h.M. **einseitiger Verzicht** des Bevollmächtigten
  - Eintritt der **Geschäftsunfähigkeit** des Bevollmächtigten (arg. ex § 165)
  - Eröffnung des **Insolvenzverfahrens** über das Vermögen des Vollmachtgebers, § 117 InsO

Stellvertretung (9) – Anfechtung der Erteilung der Vollmacht wegen Irrtums

Zulässigkeit

Vor Ausführung des Rechtsgeschäftes nach h.M. zulässig, da die Möglichkeit des Widerrufs die Anfechtung nicht ausschließt. **Nach Ausführung** des Rechtsgeschäftes nach h.M. ebenfalls möglich, da die Vollmachtserteilung wie jede andere WE anfechtbar ist. Der andere Teil wird ausreichend nach § 122 geschützt, s.u.

Gem. **§ 166 I** ist beim **Willensmangel** (also beim Anfechtungsgrund) grds. auf die **Person des Vertreters** abzustellen. Ausnahmsweise ist nach der Rspr. gem. **§ 166 II analog** (der Wortlaut erfasst, anders als § 166 I, nur die Kenntnis) die Person des Vertretenen maßgeblich, wenn der Vertreter nach Weisung des Vertretenen handelt.

⚠ Von der Anfechtung der Vollmacht zu unterscheiden: **Anfechtung des vom Vertreter vorgenommenen Rechtsgeschäftes**, wenn diesbzgl. Irrtum bei Vollmachtserteilung

Anfechtungsgegner

- E.A.: Bei **Innenvollmacht** der **Vertreter**, bei **Außenvollmacht** der **Geschäftsgegner**
- A.A.: **Wahlweise** der Vertreter oder der Geschäftsgegner (arg. ex §§ 143 III, 167 I)
- A.A.: **Stets der Geschäftspartner**, weil letztlich nur die Folgen des abgeschlossenen Geschäftes beseitigt werden sollen.

Rechtsfolgen

- Die Vollmacht ist von Anfang an **nichtig**, § 142 I.
- Nach h.M. **kein Anspruch aus § 179 I gegen den Vertreter**, sondern **Ersatzanspruch aus § 122 gegen den Vollmachtgeber** (analog, wenn er nicht der Anfechtungsgegner ist, da er letztlich wegen des Schadens haften soll)

Stellvertretung (10) – Gesetzliche Vertretungsmacht

Der **nicht voll Geschäftsfähige** oder der **Betreute** wird durch den gesetzlichen Vertreter vertreten.

- Eltern, § 1629, 42 (Minderjährige)
- Vormund, § 1793 (wenn keine Eltern)
- Betreuer, § 1902 (für geisteskranken Volljährigen)
- Ergänzungspfleger, §§ 1915, 1793 (soweit andere Vertreter ausgeschlossen)

Für die **juristischen Personen** handeln die **Organe**. Die von Organen abgegebene Willenserklärung ist Willenserklärung der juristischen Person.

☞ Vorstand des Vereins, § 26 II 1

☞ Geschäftsführer der GmbH, § 35 I GmbHG

☞ Vorstand der Aktiengesellschaft, § 78 I AktG

Der **Verwalter** einer bestimmten **Vermögensmasse** ist berechtigt, mit Wirkung für und gegen den Inhaber des Vermögens Rechtsgeschäfte zu tätigen.

☞ Insolvenzverwalter, § 80 I InsO

☞ Testamentsvollstrecker, § 2206

☞ Nachlassverwalter, § 1985

⚠ **§§ 166 II bis 176** gelten ausdrücklich nur für die (rechtsgeschäftlich erteilte) Vollmacht.

⚠ Bei der **Vertretungsmacht im Handelsrecht** handelt es sich nicht um eine gesetzliche, sondern um eine **rechtsgeschäftliche Vertretungsmacht** (Vollmacht), die gesetzlich näher ausgestaltet ist.

☞ Prokurist, § 49 HGB; Handlungsbevollmächtigter, § 54 HGB; Ladenangestellter, § 56 HGB;
nicht: Geschäftsführer (Organ, s.o.)

Stellvertretung (11) – Beschränkung der Vertretungsmacht

§ 181

Wortlaut § 181
- **Insichgeschäft**
- **Mehrfachvertretung**

Zulässig wenn:
- in Erfüllung der Verbindlichkeit, § 181
- Gestattung, § 181
- Rechtsgeschäft für den Vertretenen **lediglich rechtlich vorteilhaft**

Wenn unzulässig:
- Vertreter handelt ohne Vertretungsmacht, 🗗 33

analog
- wenn Vertreter **Untervertreter** bestellt und mit diesem das Rechtsgeschäft vornimmt
- wenn der Vertreter **nach dem materiellen Inhalt der WE** auf beiden Seiten des Rechtsgeschäftes mitwirkt

  ☞ Geschäftsführer einer GmbH erklärt für die GmbH die Aufgabe einer Hypothek (§§ 873, 875), die der GmbH am Grundstück des Geschäftsführers zusteht.

Kollusion, § 138

Das Rechtsgeschäft ist nichtig, wenn Vertreter und Vertragspartner einverständlich **zum Zwecke der Schädigung des Vertretenen** zusammenwirken.

Missbrauch der Vertretungsmacht

- **Überschreitung** nur der Befugnis im **Innenverhältnis*** (rechtl. Dürfen)
- Vertragspartner **kennt** dies oder hätte dies ohne Weiteres **erkennen können** (Evidenz)
- str., ob Vertreter von Überschreitung **Kenntnis** haben muss
  - Lit. m.M. (+)
  - h.L. (–)
  - BGH: nur bei handelsrechtlicher Vollmacht

* Wird auch die Vertretungsmacht im **Außenverhältnis** (rechtliches Können) überschritten, dann finden §§ 177 ff. direkte Anwendung

- **Rechtsfolge:** Vertreter kann sich gem. § 242 nicht auf Vertretungsmacht berufen (a.A. §§ 177 ff. analog, schwebende Unwirksamkeit). Bei Mitverschulden des Vertretenen (unzureichende Kontrolle des Vertreters) kürzt die h.M. die Erfüllungsansprüche (Rechtsgedanke § 254).

Rechtsfolgen der wirksamen Stellvertretung

- Das Rechtsgeschäft **wirkt für und gegen den Vertretenen**, § 164 I 1 u. III.
- Wird die Willenserklärung durch **Willensmängel** (☞ §§ 142 I, 119 ff.) oder **Kenntnis von Umständen** (☞ §§ 819, 932) beeinflusst, so ist gem. § 166 I grds. auf den **Vertreter** und bei **Weisungen des Vertretenen** gem. § 166 II (analog jedenfalls bei Willensmängeln und § 123 I Var. 1) auf den **Vertretenen** abzustellen.
- § 166 I findet analoge Anwendung auf die Zurechnung der Kenntnis des **Wissensvertreters**.
  - ➲ **Wissensvertreter** ist derjenige, der nicht Stellvertreter ist, der aber mit der Erledigung einer betreffenden Angelegenheit in **eigener Verantwortung** betraut ist.

    Bei größeren Unternehmen kommt es aufgrund der Arbeitsteilung zu einer Wissensaufspaltung. **„Typischerweise" aktenmäßig festgehaltenes Wissen** wird zugerechnet, soweit

    – es sich um eine Organisation mit typischerweise aufgespaltenem Wissen handelt (☞ GmbH & Co. KG),

    – die Verpflichtung besteht, die Information zu speichern und den Informationsfluss zu organisieren und

    – tatsächliche Möglichkeit des Zugriffs und Anlass dafür bestehen, auf Aktenwissen zurückzugreifen.

Rechtsfolgen der unwirksamen Stellvertretung

1. bei **Unzulässigkeit:** Nichtigkeit
2. bei Handeln im **eigenen** Namen: **Eigengeschäft**, § 164 II
3. wenn **keine Vertretungsmacht:**
   - **Einseitige Rechtsgeschäfte** sind grds. nichtig, § 180 (dito, wenn zwar Vertretungsmacht, aber keine Urkundenvorlage, § 174).
   - **Verträge/Einigungen** sind schwebend unwirksam, § 177 I. 🗗 33

Stellvertretung – Schwebende Unwirksamkeit nach § 177 I

Beseitigung der schwebenden Unwirksamkeit

Genehmigung verweigert: unwirksam	Widerruf des Vertragspartners, § 178 (Unwirksamkeit)	Genehmigung erteilt: von Anfang an wirksam, §§ 184 I, 182 II

Eine dem Vertreter ggü. erklärte **Genehmigung bzw. Verweigerung** der Genehmigung wird gem. § 177 II 1 **unwirksam**, wenn der andere Teil den Vertretenen zur Erklärung der Genehmigung auffordert. Zweiwöchiges Schweigen gilt als Verweigerung der Genehmigung, § 177 II 2.

Haftung des Vertreters gegenüber dem anderen Teil

- **ohne Vertretungsmacht** aus **§ 179** (Erfüllung oder Schadensersatz; Wahl wirkt ex nunc, elektive Konkurrenz)
- im Einzelfall auch **mit Vertretungsmacht**, nämlich **aus §§ 280 I, 311 III, 241 II**

Haftung des Untervertreters ohne Vertretungsmacht gegenüber dem anderen Teil

- **ohne Untervollmacht:** §§ 177–180
- **ohne Hauptvollmacht:**
  - Bei **verdeckter Untervertretung**, also wenn Unterbevollmächtigter im Namen des Geschäftsherrn handelt, **Haftung aus § 179**.
  - Bei **offener Untervertretung**, also wenn Untervertreter im Namen des Hauptbevollmächtigten handelt, nach der Rspr. keine Haftung aus § 179.

Zustimmung, §§ 182 ff. (1)

Einwilligung (= vorherige Zustimmung, § 183)	**Genehmigung** (= nachträgliche Zustimmung, § 184)
▪ Rechtsgeschäft sofort mit Abschluss wirksam ▪ nach Vornahme des Rechtsgeschäftes ist Einwilligung unwiderruflich (§ 183 S. 1) ▪ Einwilligung erlischt im Zweifel mit dem Erlöschen des ihr zugrunde liegenden Rechtsgeschäftes (vgl. § 168)	▪ wirkt grds. zurück, § 184 I ▪ bei Verweigerung endgültige Unwirksamkeit ▪ nicht bei einseitigen Rechtsgeschäften (Rechtsgedanke, §§ 111, 180, 1831) ▪ Genehmigung wirkt nicht, soweit dadurch Berechtigung für andere Zwischenverfügung entfällt (§ 184 II)

Die **Zustimmung** ist eine **einseitige empfangsbedürftige Willenserklärung,** die **formfrei** ist, § 182 II. Bei Willensmängeln ist sie **anfechtbar**. Ihr **Adressat** kann grundsätzlich eine der beiden Parteien sein, Ausnahmen z.B. in §§ 108 II 1, 177 II 1.

Das **Erfordernis** einer Zustimmung ergibt sich nicht aus §§ 182 ff., sondern aus der jeweiligen Spezialmaterie.

☞ §§ 107, 177, 415, 876, 1365

Zustimmung, §§ 182 ff. (2)

Ermächtigung
Sonderfall der in §§ 182 ff. geregelten Zustimmung

§ 185 I: Wer mit Einwilligung des Berechtigten **verfügt**, handelt selbst auch als **Berechtigter**. Es besteht daher kein Anspruch aus § 816 I 1 gegen den Verfügenden

⚠ Der Wortlaut des § 185 I, der vom „Nichtberechtigten" spricht, ist insofern falsch.

§ 185 II 1: Die Verfügung eines Nichtberechtigten wird bei Genehmigung ex tunc (Var. 1., § 184 I) und bei sonstiger Konvaleszens ex nunc (Var. 2 u. 3) wirksam. Dann besteht ein Anspruch aus § 816 I 1 gegen den Verfügenden.

Einziehungsermächtigung, § 185 I analog: Der Inhaber einer Forderung räumt einem anderen die Befugnis ein, die Forderung im eigenen Namen geltend zu machen. Der Inhaber muss an den so Ermächtigten leisten. Der Ermächtigte ist unter den weiteren Voraussetzungen der gewillkürten Prozessstandschaft (ZPO) prozessführungsbefugt.

und

Empfangsermächtigung, §§ 362 II, 185 I: Begründet Empfangszuständigkeit, es tritt also Erfüllung ein, wenn an Ermächtigten geleistet wird.

Verpflichtungsermächtigung: Nicht anzuerkennen (h.M.), da sie dem Offenkundigkeitsgrundsatz (§ 164 I 1) widerspricht.

str., ob bei **verfügungsähnlichen Verpflichtungen** (☞ Miete) zulässig

Gesetzlicher Vertreter

Gesetzliche Vertreter des **Minderjährigen** sind die **Eltern**, hilfsweise der **Vormund**.

Beschränkung der Vertretungsmacht, §§ 1821, 1822 (i.V.m. § 1643 I)

Gem. **§ 1821 I** bedürfen bestimmte Rechtsgeschäfte der **Genehmigung des Familiengerichtes**.

§ 1822 enthält eine weitere Aufzählung. § 1643 I verweist nur auf § 1822 Nr. 1, 3, 5 und 8–11.

Liegt die **Zustimmung des Gerichtes** vor Abschluss des Rechtsgeschäftes vor, wird dieses mit **Abschluss wirksam**. Anderenfalls gilt:

- **Einseitige Rechtsgeschäfte** sind **unwirksam**, § 1831.
- **Verträge sind schwebend unwirksam.** Das Gericht kann die Genehmigung dem gesetzlichen Vertreter ggü. erklären, § 1828. Dieser entscheidet, ob dem Vertragspartner die Genehmigung mitgeteilt wird, § 1829.

Ausschluss

In den Fällen des **§ 1795 I** kann der Vormund den beschränkt Geschäftsfähigen nicht vertreten. Über **§ 1629 II** gilt diese Vorschrift auch für die **Eltern**.

Liegt ein Fall des § 1795 I vor, muss ein **Ergänzungspfleger** bestellt werden, §§ 1909 ff.

Ist der gesetzliche Vertreter von der Vertretung ausgeschlossen, so ist der **Vertrag schwebend unwirksam**, § 177 I. Der Ergänzungspfleger kann genehmigen, § 179.

Nach h.A. kann die Genehmigung des Familiengerichtes die Pflegerbestellung nicht ersetzen.

Kombination beider Fälle möglich ☞ Minderjähriger veräußert Grundstück an seinen volljährigen Bruder (einerseits § 1821 I Nr. 1 u. 4, andererseits § 1795 I Nr. 1).

Gesetzlicher Vertreter des **dauerhaft geisteskranken Volljährigen** ist der **Betreuer** (§§ 1896, 1902).

Geschäftsfähigkeit, §§ 104 ff.

➲ **Geschäftsfähigkeit** ist die Fähigkeit, durch Abgabe von Willenserklärungen Rechtsfolgen herbeizuführen; unbeschränkte Geschäftsfähigkeit grds. mit Vollendung des 18. Lebensjahres (vgl. §§ 2, 106). Sonderregelungen: Ehefähigkeit, § 1303; Testierfähigkeit: § 2229.

Geschäftsunfähigkeit, §§ 105 I u. II 🗗 38	**beschränkte Geschäftsfähigkeit, §§ 106–113** 🗗 39–42
Der beschränkt Geschäftsfähige kann folgende Geschäfte vornehmen: § 107, lediglich rechtlich vorteilhaft 🗗 40 § 110, Bewirken der geschuldeten Leistung mit dem Taschengeld § 112, Erwerbsgeschäft § 113, Dienst- und Arbeitsverhältnis	Der gesetzliche Vertreter kann Rechtsgeschäfte des beschränkt Geschäftsfähigen ▪ im Namen des beschränkt Geschäftsfähigen **selbst vornehmen** (§§ 164 ff. 🗗 21 ff.) oder ▪ **diesen zustimmen** (§§ 107, 108, 182–184 🗗 34 f.). ⚠ Der gesetzliche Vertreter kann in der **Vertretungsmacht beschränkt sein, §§ 1643, 1821, 1822**, dann ist eine Genehmigung des Familiengerichtes erforderlich. Er kann (stattdessen oder auch) **ausgeschlossen sein, §§ 1629 II, 1795**, dann muss (stattdessen bzw. auch) ein Ergänzungspfleger gem. § 1909 bestellt werden. 🗗 36

Geschäftsunfähigkeit

Nichtigkeit der Willenserklärung nach § 105 I

Nach **§ 104** ist geschäftsunfähig, wer das **siebte Lebensjahr** noch nicht vollendet hat (Nr. 1), oder wer sich nicht nur vorübergehend in einem die freie Willensbildung ausschließenden **Zustand krankhafter Störung der Geistestätigkeit** befindet (Nr. 2).

Nach h.M. gilt § 104 Nr. 2 auch für die **partielle Geschäftsunfähigkeit** (☞ pathologische Kaufsucht).

Hingegen wird die **relative Geschäftsunfähigkeit** für besonders schwierige Geschäfte abgelehnt wegen der drohenden Rechtsunsicherheit.

Rechtsfolge: Nichtigkeit der Erklärung (auch: als Vertreter, § 165). Zugang von Erklärungen nur beim gesetzlichen Vertreter wirksam, § 131 I.

Nichtigkeit der Willenserklärung nach § 105 II

Willenserklärungen im Zustand der **Bewusstlosigkeit** oder **vorübergehenden Störung der Geistestätigkeit** sind ebenfalls nichtig. ☞ Vollrausch; Fieberwahn

Geschäft des täglichen Lebens, § 105 a

Der von einem **volljährigen(!)** Geschäftsunfähigen geschlossene Vertrag gilt **in Ansehung von Leistung und Gegenleistung** als wirksam (d.h. Pflicht zur Leistung und eine Rückforderung nach §§ 812 ff. scheidet aus, str.), soweit es sich um ein **Geschäft des täglichen Lebens** handelt, das mit **geringwertigen Mitteln** bewirkt wird und **keine Gefahr** für Person oder Vermögen des Geschäftsunfähigen besteht.

☞ Kauf einer Tageszeitung

Umfang str.: Verpflichtung und Verfügung voll wirksam; Verpflichtung und Verfügung nur zugunsten des Minderjährigen wirksam; Verfügung wirksam, Verpflichtung unwirksam (also §§ 280 ff. [–]), aber trotzdem §§ 812 ff. ausgeschlossen.

Beschränkte Geschäftsfähigkeit gem. §§ 106 ff. (1)

Einwilligung, § 107

Das Rechtsgeschäft des beschränkt Geschäftsfähigen (§§ 2, 106: ab Vollendung des 7. bis Vollendung des 18. Lebensjahres) ist gemäß § 107 grds. nur wirksam, wenn es mit **Einwilligung** (🗗 34) des **vertretungsberechtigten** gesetzlichen Vertreters vorgenommen wird (Ausnahme: rechtlich vorteilhaft 🗗 40). Zu Beschränkungen der Vertretungsmacht vgl. 🗗 36. Die Einwilligung kann für einen abgegrenzten Kreis von Rechtsgeschäften erteilt werden, sog. **beschränkter Generalkonsens.**

⚠ Geldüberlassung zur **Benutzung öffentlicher Verkehrsmittel** enthält keine Einwilligung in Schwarzfahren, sodass beschränkt Geschäftsfähiger keine **Vertragsstrafe** zahlen muss (str.).

Wirksamkeit gem. § 110

Das Rechtsgeschäft ist von Anfang an wirksam, wenn der Minderjährige die vertragsmäßige Leistung mit Mitteln **bewirkt** (also **vollständig** gezahlt) **hat**, die ihm **zu diesem Zweck oder zur freien Verfügung überlassen** worden sind.

- Hinsichtlich **Verfügungen** Unterfall des § 107, daher zumindest **konkludente Zustimmung** erforderlich.
- Hinsichtlich **Verpflichtung** nach e.A. ebenfalls **Unterfall** des § 107, also Zustimmung erforderlich und maßgeblich. Nach a.A. **Ausnahmefall** von § 107, also Zustimmung irrelevant und Bewirken mit überlassenen Mitteln maßgeblich.

  ☞ 16-jähriger bekommt 50-€-Schein für Handyguthaben, verliert den Schein, aber zahlt mit anderem Schein. Nach erster Ansicht Kaufvertrag wirksam, nach zweiter Ansicht Kaufvertrag unwirksam.

Einseitige Rechtsgeschäfte, § 111

Unwirksam ohne Genehmigungsmöglichkeit, soweit nicht rechtlich vorteilhaft.

Beschränkte Geschäftsfähigkeit gem. §§ 106 ff. (2)

Lediglich rechtlich vorteilhaft i.S.d. § 107

Durch Vornahme entstehen **keine unmittelbaren Rechtsnachteile** und keine wirtschaftliche Gefährdung. Auch **rechtlich neutrale Geschäfte** sind „rechtlich vorteilhaft"; dazu zählt auch die Übereignung einer fremden Sache, die nach h.M. bei Gutgläubigkeit bzgl. des Eigentums auch im Übrigen wirksam ist.

Verpflichtungsvertrag

(+)

- Schenkung: wenn keine Verpflichtung enthalten (Rückübertragungsverpflichtung).

(–)

- Einigungsinhalt begründet Verpflichtung
  ☞ § 433, § 611, § 631
- kraft Gesetz Verpflichtung
  ☞ § 670, § 693, § 607

Verfügungsvertrag

(+)

- Verfügung zugunsten des Minderjährigen (Übertragung, Belastung, Aufhebung, Inhaltsänderung eines Rechts)
- Erwerb: regelmäßig vorteilhaft

(–)

- Verfügung zulasten des Minderjährigen
- persönliche Verpflichtung
  ☞ Reallast, § 1108; Vermietung, §§ 535 Abs. 1 S. 2, 566, 578; Wohnungseigentum, §§ 10 Abs. 8, 16 Abs. 2 WEG

⚠ Bei **wirksamer Verpflichtung** und **unwirksamer Verfügung** (☞ Schenkung eines belasteten Grundstücks) keine Gesamtbetrachtung, aber **teleologische Reduktion** des § 181 (i.V.m. §§ 1629 Abs. 2, 1795).

Beschränkte Geschäftsfähigkeit gem. §§ 106 ff. (3)

Rechtsgeschäfte des beschränkt Geschäftsfähigen

Wirksame Geschäfte

- Rechtlich vorteilhafte oder neutrale Geschäfte, § 107
- Verträge
  - „Taschengeldparagraph", § 110
  - Erwerbsgeschäft, § 112
  - Dienst- oder Arbeitsverhältnis, § 113
  - mit **Einwilligung**, § 107

Schwebend unwirksame Verträge

Geschäfte, die nicht von vorneherein unwirksam oder wirksam sind

Unwirksame Geschäfte

Einseitige, rechtlich nachteilhafte Rechtsgeschäfte: § 111

- ohne Einwilligung
- mit Einwilligung, aber ohne ihren Nachweis und ohne sonstige Kenntnis des Adressaten von ihr

---

- Genehmigung gegenüber Vertragspartner?
  - → Ja: Dann Geschäft endgültig wirksam
  - → Nein: Dann Geschäft endgültig unwirksam
- Genehmigung gegenüber Minderjährigem
  - → Ja: Geschäft wirksam, **es sei denn, Vertragspartner fordert zur Erklärung über die Genehmigung auf**
  - → Nein: Geschäft unwirksam, **es sei denn, Vertragspartner fordert zur Erklärung über die Genehmigung auf**
- Nach Aufforderung kann **unabhängig von einer evtl. dem Minderjährigen erteilten Genehmigung gegenüber dem Vertragspartner**
  - → die Genehmigung erteilt werden
  - → die Genehmigung versagt werden
  - → zwei Wochen lang keine Erklärung abgegeben werden
- **Widerruf** des Vertragspartners, bis ihm die Genehmigung zugeht? (Wideraufleben des Widerrufsrechts im Fall der Aufforderung)
  - → wenn Vertragspartner unwissend oder
  - → wenn Vertragspartner Minderjährigkeit kannte, aber an behauptete Einwilligung glaubte
  - → nicht: wenn Vertragspartner Minderjährigkeit und fehlende Einwilligung kannte

⚠ Bei **Volljährigkeit** tritt Minderjähriger an die Stelle seines gesetzl. Vertreters, d.h. er kann selbst genehmigen, § 108 Abs. 3

Für den **Zugang** von Erklärungen, deren Adressat nicht voll geschäftsfähig ist, gilt § 131.

Beschränkte Geschäftsfähigkeit gem. §§ 106 ff. (4)

Auswirkungen der beschränkten Geschäftsfähigkeit auf andere Rechtsgebiete

vertragliche bzw. vertragsrechtliche Ansprüche

- Entgegennahme der Leistung keine Erfüllung, da **keine Empfangszuständigkeit**
- **§§ 311 II, 241 II, 280 I** und **Rechtscheinshaftung**
  - gegen Minderjährigen, nur wenn gesetzlicher Vertreter Vertragsverhandlungen geführt oder zugestimmt hat oder Fall des § 109 II
  - des Minderjährigen immer
- **Verjährung:** §§ 207, 208, 210

GoA

- als **Geschäftsführer** (§ 682), Haftung aus § 823 und § 812
- als **Geschäftsherr** nur, wenn gesetzlicher Vertreter einverstanden

Sachenrecht

- **Realakte** möglich (Eigentumserwerb kraft Gesetzes)
- **Besitzerwerb** möglich, wenn Besitzwille tatsächlich bildbar
- str., ob **Übereignung einer fremden Sache** wirksam

Bereicherungsrecht

- an einen Minderjährigen kann **geleistet** werden (lediglich rechtlich vorteilhaft)
- **Saldotheorie** zulasten des Minderjährigen **nicht anwendbar**, stattdessen Zwei-Kondiktionen-Theorie (🗗 Schuldrecht BT 3)
- **Bösgläubigkeit**, § 819
  - Kenntnis des gesetzlichen Vertreters bei Leistungskondiktion
  - bei Eingriffskondiktion: § 828 analog

Deliktsrecht

§§ 828, 829

Erbrecht

- testierfähig, wenn 16. Lebensjahr vollendet, § 2229 I
- Erbvertrag, § 2275

Familienrecht

- Ehemündigkeit: §§ 1303 f.
- Verlöbnis: gesetzlicher Vertreter muss zustimmen

Verstoß gegen Verbotsgesetz, § 134 (1)

I. Verbotsgesetz

Gesetz sind **alle Rechtsnormen** (§ 2 EGBGB), d.h. nicht nur Gesetze im formellen Sinne, sondern auch Rechtsverordnungen und Gewohnheitsrecht.

Verbotsgesetze sind Gesetze, die die **Vornahme eines Rechtsgeschäftes generell verbieten („nicht dürfen“)**. Ordnet bereits das Gesetz die Nichtigkeit an (**„nicht können“**, ☞ §§ 137, 399, 400, 1365), dann bedarf es keines Verbots über § 134.

Verbietet das Gesetz nur die **Durchführung** des Geschäfts, so ist es eine Frage der **Auslegung**, ob auch das **Verpflichtungsgeschäft** unwirksam ist (☞ Schwarzarbeit, 🗗 45, 46).

II. Objektiver Verstoß gegen das Verbotsgesetz

Erfasst sind **unmittelbare Verstöße** und auch **Umgehungsgeschäfte**.

Es genügt die Verwirklichung des **objektiven Tatbestands**. Subjektive Merkmale sind für Bußgelder und Strafen, aber nicht für die zivilrechtliche Nichtigkeit erforderlich.

Verstoß gegen Verbotsgesetz, § 134 (2)

III. Rechtsfolgen

Nichtigkeit, „wenn sich nicht aus dem Gesetz ein anderes ergibt". Entscheidend ist, ob das Gesetz sich nicht nur gegen den Abschluss des Rechtsgeschäftes wendet, sondern auch **gegen seine privatrechtliche Wirksamkeit** und damit gegen den **wirtschaftlichen Erfolg**. Indizien dafür sind:

- Bei einem **beiderseitigen Verstoß** und **Strafbewertheit** ist grds. **Nichtigkeit** anzunehmen.
- Bei einem **einseitigen Verstoß** oder bloßen **Ordnungsvorschriften**, die nur bestimmte Orte/Zeiten/Modalitäten verbieten, ist grds. von der **Wirksamkeit** auszugehen.

  ☞ Beispiele für Nichtigkeit: § 3 RDG (Inkassodienstleistung, erfasst Factoring hingegen nicht); § 1 II SchwarzArbG (🗗 45 f.); § 203 StGB; § 370 AO; § 3 S. 1 Nr. 3 TierSchG (Dereliktion nach § 959 unwirksam) und § 11 c TierSchG (Übereignung Wirbeltiere an Minderjährige bis 16 Jahre).

  ☞ Beispiele für Wirksamkeit: § 1 I 1 HwO (Meisterzwang) Ladenöffnungsgesetze

Umfang der Nichtigkeit: Grds. ist **Gesamtnichtigkeit** anzunehmen, anders nur bei Verstoß gegen preisrechtliche Verbotsgesetze (☞ § 5 I WiStG, überhöhtes Mietverlangen).

Das **Verbot des Verpflichtungsgeschäftes** hat nur ausnahmsweise die Nichtigkeit des Verfügungsgeschäftes zur Folge, wenn gerade die Vermögensverschiebung verhindert werden soll (☞ § 29 I Nr. 1 BtMG, Verkauf und Übereignung von Betäubungsmitteln). Umgekehrt ist die Verpflichtung, eine **verbotene Verfügung** vorzunehmen, i.d.R. selbst auch nichtig.

Verbot der Schwarzarbeit (1)

Häufigster Fall ist eine **„Ohne Rechnung"-Abrede** i.S.d. § 1 II Nr. 2 SchwarzArbG. Dem Finanzamt bleibt das Geschäft verborgen, es setzt keine Steuern fest. Die Kosten für den Besteller werden reduziert und der Gewinn des Unternehmers wird erhöht.

I. Nichtigkeit des Werk- oder Dienstvertrages

§ 134 i.V.m. § 370 AO: § 370 AO verbietet es, unrichtige oder unvollständige Angaben über steuerlich erhebliche Tatsachen zu machen. Das Verbot richtet sich auch gegen Rechtsgeschäfte, die wie die „Ohne Rechnung"-Abrede eine Steuerhinterziehung nur vorbereiten. Allerdings tritt eine **Nichtigkeit** des Vertrages nur ein, sofern die Steuerhinterziehung den **Hauptzweck des Vertrages** ausmacht. Hauptzweck ist aber i.d.R. die Erbringung der vereinbarten Werk- oder Dienstleistung, sodass der Vertrag insofern i.d.R. nicht nichtig ist.

§ 134 i.V.m. § 1 II Nr. 2 SchwarArbG: Es soll die Schwarzarbeit schlechthin verboten werden, daher ist bereits das zugrundeliegende Verpflichtungsgeschäft nichtig. Der **Unternehmer** ist, wie von § 1 II Nr. 2 SchwarzArbG gefordert, nach § 33 Abs. 1 Var. 1 AO **steuerpflichtig**. Ob der **Besteller** auch **steuerpflichtig** ist, ist umstritten, kann aber letztlich dahinstehen, da nach BGH ausnahmsweise ein **einseitiger Gesetzesverstoß** des Unternehmers die Nichtigkeit des Vertrages begründet.

II. Lohnansprüche des Unternehmers

- **Vertragliche** Ansprüche scheiden mangels wirksamen Vertrages aus.
- Ob die **§§ 677 ff.** auch bei nichtigen Verträgen anwendbar sind, ist zwar umstritten. Im Ergebnis besteht aber unstreitig kein Lohnanspruch des Unternehmers, denn er darf die Aufwendungen jedenfalls nicht für „erforderlich" i.S.d. § 670 halten.

Verbot der Schwarzarbeit (2)

II. Lohnansprüche des Unternehmers (Fortsetzung)

- Ein **Bereicherungsanspruch** auf Wertersatz für die erbrachte Schwarzarbeit ist jedenfalls nach **§ 817 S. 2** ausgeschlossen. Während die Rspr. früher einem Anspruchsausschluss § 242 entgegenhielt, hält der BGH seit 2014 einen Kondiktionsausschluss zur effektiven Bekämpfung der Schwarzarbeit für notwendig. Soweit dies dem Unternehmer bekannt ist, scheitert der Anspruch zudem an **§ 814**.

III. Wertersatzanspruch des Unternehmers

Der Unternehmer kann keinen Wertersatz für eingebaute Materialien nach **§ 951 I** verlangen. Nach h.M. verweist die Norm nur auf die Eingriffskondiktion, i.d.R. leistet aber der Unternehmer i.S.d. § 812. Jedenfalls scheitert der Anspruch an **§ 817 S. 2** (und ggf. an **§ 814**, s. II.).

IV. Gewährleistungsansprüche des Bestellers

- Ein **vertraglicher** Gewährleistungsanspruch scheitert an einem wirksamen Vertrag. Eine Korrektur über § 242 findet laut BGH nicht statt (s. II.).
- Ein Anspruch aus **§§ 311 Abs. 2, 241 Abs. 2, 280 Abs. 1** scheitert daran, dass der Anspruch auf das **negative Interesse** und nicht auf das Erfüllungsinteresse in Form des Gewährleistungsanspruchs gerichtet ist.

V. Rückzahlungsanspruch des Bestellers

Bei Vorkasse kann der Besteller den Werklohn nicht nach **Bereicherungsrecht** zurückverlangen. Der Anspruch scheitert an **§ 817 S. 2** (und ggf. an **§ 814**, s. II.).

Wucher, § 138 II

I. Tatbestand

1. **Auffälliges Missverhältnis von Leistung und Gegenleistung** in einem **gegenseitigen Vertrag**. Bei Kreditverträgen i.d.R. zu bejahen, wenn der marktübliche Zins um das Doppelte oder um 12 Prozentpunkte überschritten wird.
2. **Schwächesituation: Zwangslage** (Zwingendes Bedürfnis nach der Leistung); **Unerfahrenheit** (Mangel an Lebens- und Geschäftserfahrung, ☞ Jugendliche oder geistig Behinderte); **mangelndes Urteilsvermögen** (Bewertungsdefizit im konkreten Fall); **erhebliche Willensschwäche** (verminderte psychische Steuerungsfähigkeit, ☞ Drogen- oder Alkoholabhängigkeit)

   ⚠ An die Schwächesituation sind **hohe Anforderungen** zu stellen, sodass § 138 II sehr selten bei Darlehensverträgen erfüllt ist. Diese Fälle werden über § 138 I gelöst, „wucherähnliche Kreditverträge", 🗗 48.
3. **Ausbeutung**, d.h. **objektives Ausnutzen** der Schwächesituation **in subjektiver Kenntnis** des auffälligen Missverhältnisses.

II. Rechtsfolge

Grundsätzlich **Gesamtnichtigkeit**

⚠ Anders beim **Mietwucher**. Wie beim Verstoß gegen § 134 i.V.m. § 5 I WiStG (🗗 44) ist auch bei § 138 II umstritten, ob der Mietvertrag mit dem höchstzulässigen Mietzinssatz (Rspr.) oder mit der ortsüblichen Vergleichsmiete aufrechtzuerhalten ist.

Die **Verpflichtung** und das **Verfügungsgeschäft des Bewucherten** sind nichtig. Das **Verfügungsgeschäft des Wucherers** ist wirksam.

Rückforderungsansprüche

- des Bewucherten: §§ 280 I, 241 II, 311 II; § 985; § 817 S. 1; § 812 I 1 Var. 1; § 826
- des Wucherers: § 817 S. 1 und § 812 I 1 Var. 2 (aber oft Ausschluss nach §§ 814, 817 S. 2)

(Allgemeine) Sittenwidrigkeit gem. § 138 I

I. Objektiver Sittenverstoß

➲ Das Rechtsgeschäft verletzt das **Anstandsgefühl aller billig und gerecht Denkenden**.

Gesamtwürdigung des Rechtsgeschäftes anhand seines Inhalts, Motivs und Zwecks. Fallgruppen:

- Ausnutzen einer **Macht- oder Monopolstellung**
- Verstoß gegen die herrschende **Rechts- und Sozialmoral** (☞ Kauf eines Radarwarngeräts oder eines Doktorgrads)
- Vereinbarung über entgeltliche Vornahme **sexueller Handlungen**: wegen § 1 ProstG kein Anspruch auf die sexuelle Handlung, aber auf Bezahlung (jedenfalls nach Vornahme der Handlung, str.)
- **wucherähnliche Kreditverträge**, § 138 I, wenn auffälliges Missverhältnis zwischen Leistung und Gegenleistung und grob fahrlässiges Ausnutzen der schwächeren Lage des Kunden
- **Kreditsicherung** (🗗 Schuldrecht AT 2)
  - **Knebelung** des Sicherungsgebers oder
  - **Gläubigergefährdung** und weitere Umstände oder
  - krasse finanzielle **Überforderung** und weitere Umstände (z.B. enge emotionale Verbundenheit) oder
  - **Verleitung zum Vertragsbruch** (verlängerter Eigentumsvorbehalt vs. Globalzession) ohne dingliche Teilverzichtsklausel oder
  - **anfängliche (!) Übersicherung**

II. Subjektives Element

- **Rspr.: Kenntnis/grob fahrlässige Unkenntnis** der Umstände immer erforderlich
- **Lit.:** nur erforderlich, wenn Sittenwidrigkeit gerade aus subjektiven Gründen (z.B. wucherähnlicher Kreditvertrag)

III. Rechtsfolge

Nichtigkeit des Verpflichtungsgeschäftes. Verfügungsgeschäft ist grundsätzlich sittlich neutral, aber ausnahmsweise nichtig, wenn die Sittenwidrigkeit im Vollzug der Leistung liegt (z.B. Sittenwidrigkeit der Globalzession).

Konkurrenzen bei §§ 134, 138

- **Prüfungsreihenfolge:** § 138 II, § 134, § 138 I; vorrangiger Tatbestand sperrt hinsichtlich desselben Umstands übrigen Tatbestände (☞ Bei einer Straftat i.V.m. § 134 bedarf es keiner Prüfung des § 138 I).
- Besteht die Sittenwidrigkeit ausschließlich in der **Täuschung oder Drohung** eines Vertragspartners, ist der Vertrag nicht nach § 134 i. V.m. §§ 240, 263 StGB nichtig, sondern lediglich gem. §§ 142 I, 123 I anfechtbar. § 138 I ist aber anwendbar, soweit neben der bewirkten Willensbeeinflussung weitere, die Sittenwidrigkeit begründende Umstände hinzukommen.
- § 826 und § 138 stehen nebeneinander.

Formverstoß, § 125 (1)

Aufbauschema

I. Bestehen eines Formbedürfnisses 🗗 50, 51
II. Reichweite des Formbedürfnisses 🗗 52
III. Einhaltung der Form 🗗 52, 53
IV. Rechtsfolge der Nichteinhaltung der Form 🗗 54

Formzwecke

Warn- und Schutzfunktion, Beweisfunktion, Belehrungsfunktion sowie Erkennbarkeit des Rechtsgeschäftes für Dritte.

Formverstoß, § 125 (2)

Grundstücksgeschäfte, § 311 b I 1

Zu beurkunden sind **Übertragungs- und Erwerbsverpflichtungen**:

- Kauf, Tausch, Schenkung
- Vorverträge und bedingte Verpflichtungen (schuldrechtliches Vorkaufsrecht und Verpflichtung zur Bestellung eines dinglichen Vorkaufsrechts)
- Auftrag bzgl. Grundstückserwerbs im eigenen Namen (Strohmanngeschäft) betrifft drei Verpflichtungen

☞ A beauftrag B, im eigenen Namen das Grundstück des E zu erwerben:

1. Erwerbspflicht des B von E ist beurkundungspflichtig
2. Übereignungspflicht des B an A ist in § 667 normiert, daher Klausel deklaratorisch und formfrei
3. Erwerbspflicht des A von B ist beurkundungspflichtig. B kann sich aber gemäß § 242 nicht auf Formmangel berufen, wenn A ihm einen Vorschuss zahlt (§ 669), weil dann das Vermögen des B nicht gefährdet ist.

Der **Umfang** erstreckt sich auf den **gesamten Vertragsinhalt**, einschließlich **Nebenabreden** (☞ Erbringung des Kaufpreises als monatliche Rente). Bei **zusammengesetzten Verträgen** ist auch der andere Vertragsteil formbedürftig, wenn er mit dem Grundstücksteil stehen und fallen soll (☞ Kauf eines Gaststättengrundstücks nebst Bierlieferungsvereinbarung).

⚠ Ist hiernach auch nur ein kleiner Teil des Vertrags nicht beurkundet, ist gemäß § 139 im Zweifel der gesamte Vertrag nichtig.

Änderungen und Ergänzungen sind formbedürftig, es sei denn, sie sind spontan erforderlich und unwesentlich (☞ Verlängerung der Kündigungsfrist) oder geschehen nach Übertragung (☞ Erhöhung des Kaufpreises nach der Auflassung).

Aufhebungen sind formbedürftig, soweit durch sie ein Anwartschaftsrecht zerstört oder sogar ein Rückübertragungsanspruch (☞ § 812) begründet wird.

Formverstoß, § 125 (3)

Weitere wichtige gesetzliche Formerfordernisse

Schuldrecht

- § 311 b Abs. 1 S. 1
  Verpflichtung zum Erwerb oder zur Übertragung von Grundstücken
  – **notarielle Beurkundung** –
- § 518 Abs. 1
  Schenkungsversprechen
  – **notarielle Beurkundung** –
- § 766 S. 1*
  Bürgschaftsversprechen
  – **Schriftform** –

weitere Fälle:
§ 311b Abs. 3, 5;
§ 492 Abs. 1; § 761;
§ 780*; § 781*.

Sachenrecht

- § 925 Abs. 1
  Auflassung
  – **vor dem Notar** unter gleichzeitiger Anwesenheit –
- § 1154
  Übertragung der Hypothek
  – **schriftliche** Abtretungserklärung plus Übergabe des Briefes oder Eintragung im Grundbuch –
- § 1155
  öffentlich beglaubigte Abtretungserklärung plus Übergabe des Briefes

Familien-/Erbrecht

- § 1410
  Abschluss des Ehevertrags
  – **notarielle Beurkundung** unter gleichzeitiger Anwesenheit –
- § 2247
  Testament
  – ganze Erklärung muss **handschriftlich** geschrieben und **unterschrieben** sein –
- § 2276
  Erbvertrag
  – **notarielle Beurkundung** unter gleichzeitiger Anwesenheit –

Gesellschaftsrecht

- § 2 Abs. 1 GmbHG
  GmbH-Vertrag
  – **notarielle Beurkundung** –
- § 15 Abs. 3 u. 4 GmbHG
  Abtretung von Geschäftsanteilen sowie Verpflichtung dazu
  – **notarielle Beurkundung** –
- § 53 Abs. 2 GmbHG
  Beschluss über Satzungsänderung
  – **notarielle Beurkundung** –
- § 23 Abs. 1 AktG
  Satzung der AG
  – **notarielle Beurkundung** –

* Betrifft nur die Erklärung des Verpflichteten; Ausnahme § 350 HGB.

Auf die aufgezählten Formerfordernisse wird in den **AS-Karteikarten zum jeweiligen Rechtsgebiet** eingegangen.

Formverstoß, § 125 (4)

Umfang vertraglich vereinbarter Formerfordernisse

Zustandekommen des Vertrags: gesetzliche Form kann verschärft werden

Änderung/Aufhebung des Vertrags:

- **einfache Formklausel** (☞ „Änderungen des Vertrags bedürfen der Schriftform.") können jederzeit formlos abbedungen werden, auch konkludent durch die Änderung.
- **qualifizierte Formklauseln** (☞ „Änderungen des Vertrags einschließlich dieser Klausel bedürfen der Schriftform."): im **Individualvertrag** wirksam, in **AGB** wegen § 305 b unwirksam

Einhaltung der Form

Bei **empfangsbedürftigen Willenserklärungen** muss Willenserklärung in der erforderlichen Form **zugehen** (**Ausnahme:** Bei notarieller Beurkundung reicht Beurkundung der Annahmeerklärung, § 152).

Gesetzliche Form	Vereinbarte Form
Schriftform, § 126	**Schriftform, §§ 127, 126**
▪ Urkunde eigenhändig unterschrieben oder beglaubigtes Handzeichen; Zugang d. Originals ▪ Bei Vertrag Unterzeichnung auf derselben Urkunde, es sei denn es gibt gleichlautende Ausfertigungen, dann Unterschrift auf jeweils einer Urkunde ▪ Grds. Ersetzung durch elektronische Form möglich, soweit nichts Abweichendes bestimmt ist ▪ Notarielle Beurkundung ersetzt Schriftform	▪ Geltung des § 126 nur „im Zweifel" (abweichende Bestimmungen möglich) ▪ Telekommunikative Übermittlung reicht (i.d.R. genügt daher Textform, § 126 b) ▪ Bei Vertrag genügt Erklärungswechsel, Annahme durch bloßes „Ja" also möglich.

Formverstoß, § 125 (5)

Einhaltung der Form (Fortsetzung)

Gesetzliche Form	Vereinbarte Form
Elektronische Form, § 126 a ▪ Name und qualifizierte elektronische Signatur gem. Vertrauensdienstgesetz (VDG nebst EU-Verordnung) müssen hinzugefügt werden. ▪ bei Vertrag Signierung gleichlautender Dokumente ▪ keine Anwendung in gesetzlich bestimmten Fällen, § 126 III (☞ § 766 S. 2)	**Elektronische Form, §§ 127, 126 a** ▪ Geltung des § 126 a nur „im Zweifel" (abweichende Bestimmungen möglich) ▪ Name und elektronische Signatur müssen hinzugefügt werden (auch andere als qualifizierte) ▪ bei Vertrag genügt Signierung von Angebot und Annahme
Textform, § 126 b Nennung der Person des Erklärenden und dauerhafte Wiedergabe der Erklärung möglich (☞ Papier, Mail, Computerfax, USB-Stick, CD-ROM, Cloudspeicher) sowie Nachbildung des Namenszeichens oder anderweitige Kenntlichmachung des Abschlusses	**Textform, §§ 127, 126 b** ▪ Geltung des § 126 b nur „im Zweifel" (abweichende Bestimmungen möglich) ▪ ansonsten keine Besonderheiten
Notarielle Beurkundung, § 128 ▪ Beurkundung durch Notar ▪ Beurkundungsverfahren gem. BeurkundungsG ▪ wird bei gerichtlichem Vergleich durch Protokoll oder Schriftsätze ersetzt, § 127 a u. §§ 278 VI S. 1 Var. 2, 160 III Nr. 1 ZPO ▪ Zugangsentbehrlichkeit der Annahme gem. § 152	**Notarielle Beurkundung, §§ 127 analog, 128** § 128 ist im Zweifel analog anzuwenden.
Öffentliche Beglaubigung, § 129	

Formverstoß, § 125 (6)

Rechtsfolge

Bei **gesetzlich vorgeschriebener Form**, § 125 S. 1, grds. Nichtigkeit. Ausnahmsweise Modifikation (☞ § 550) oder Wirksamkeit, weil nur vorteilhaft für den anderen Teil (☞ § 479 II u. III).
Ist eine **Nebenabrede** vergessen: Teilnichtigkeit, die gem. **§ 139 zur Gesamtnichtigkeit** führen kann.

Der Mangel der **vertraglich vereinbarten Form** hat im Zweifel Nichtigkeit zur Folge, § 125 S. 2. Hat die Formwahrung nur Klarstellungs- und Beweisfunktion (☞ oft: Kündigung per Einschreiben), so ist die formwidrige Erklärung gültig. Ist die Form Gültigkeitsvoraussetzung, so ist die Erklärung hingegen nichtig.

Heilung

Heilung des Formmangels, wenn angeordnet:

- durch Erfüllung gem. §§ 311 b I 2, 766 2 BGB, 15 IV 2 GmbHG
- durch Bewirken des geschenkten Vermögenswertes gem. § 518 II
- durch Übergabe/Bewirken gem. § 507 II 2 bei Teilzahlungsgeschäft, aber Modifikation nach § 507 II 3–5; dito § 494 II 1 u. 2 für Verbraucherdarlehensverträge

Die **Heilung tritt ex nunc** ein.

Unbeachtlichkeit nach § 242

Ausnahmsweise kann **Berufung auf den Formmangel** gegen **§ 242** verstoßen, wenn

- **Existenzgefährdung** oder
- eine **besonders schwere Treuepflichtverletzung** des anderen Teils dem Formverstoß vorrangig ist (☞ vorsätzliche Verhinderung der Einhaltung der Form); stattdessen/wahlweise ist ein Anspruch aus §§ 280 I, 311 II, 241 II möglich (str.).

Auslegung formbedürftiger Erklärungen

Auch formbedürftige Erklärungen sind **auslegungsfähig**, §§ 133, 157.

Die Auslegung erfolgt in **zwei Schritten:**

- Zunächst wird der **wirkliche Wille des Erklärenden**, wie er **vom objektiven Empfängerhorizont** zu verstehen ist, ermittelt.
- Dann ist festzustellen, ob der ermittelte **wirkliche Wille formgerecht zum Ausdruck gekommen** ist. Nach der h.M. muss dabei ein aus Umständen außerhalb der Urkunde ermittelter Wille in der Urkunde einen, wenn auch nur unvollkommenen, Ausdruck gefunden haben **(Andeutungstheorie)**.

  Ein übereinstimmender Wille der Parteien gilt auch, wenn er in der Urkunde keinen Ausdruck gefunden hat (**falsa demonstratio non nocet** [🗗 19]); gilt bei Verfügungen nur für die Einigung, **nicht für den Publizitätsakt**). Bei absichtlichen Falschbeurkundungen gilt § 117 (🗗 7).

Die **Erklärungen in der Urkunde** haben die **Vermutung** der **Vollständigkeit** und **Richtigkeit** für sich. Bei früheren mündlichen Vereinbarungen, die in der Urkunde nicht aufgenommen worden sind, kann grds. davon ausgegangen werden, dass die Parteien sie nicht aufrecht erhalten wollten. Die Beweislast für die Widerlegung der Vermutung trägt die Partei, die einen vom Urkundeninhalt abweichenden Vertragsinhalt behauptet.

⚠ **Beweiserheblich** findet diese Vermutung Ausdruck in § 416 ZPO.

Anfechtung einer Willenserklärung, §§ 142 I, 119 ff.

Aufbauschema

I. Zulässigkeit

Kein Anschluss durch **Sonderregeln** (vgl. 57)

II. Anfechtungsgrund

§ 119 I, § 119 II, § 120, § 123 I (vgl. 58–63)

III. Wirksame Anfechtungserklärung 64

Die Anfechtung muss 1. **fristgerecht** vom 2. **Anfechtungsberechtigten** 3. gegenüber dem **Anfechtungsgegner** erklärt werden.

IV. Rechtsfolgen der Anfechtung 65

Die Willenserklärung ist nach **§ 142 I ex tunc nichtig** und damit auch ein durch sie ggf. entstandener Vertrag.

Bei Teilanfechtung **Teilnichtigkeit**, wenn Leistung teilbar.

Wirkung nur **ex nunc** bei in Vollzug gesetzten Arbeits- und Gesellschaftsverträgen.

Zulässigkeit der Anfechtung

Grundsätzlich ist **jede Willenserklärung** nach §§ 142 I, 119 ff. anfechtbar. Es gibt aber **Ausnahmen**:

Sonderregelungen

- Im **Erb- und Familienrecht** gelten abschließende Sonderregelungen, ☞ Eheschließung, §§ 1313 ff.; Anerkennung der nichtehelichen Vaterschaft, §§ 1600 ff.; Erbschaftsannahme, §§ 1943 ff., letztwillige Verfügung, §§ 2078 ff., 2281 ff.
- **Gründungs- und Beitrittserklärungen zu Kapitalgesellschaften und zu Genossenschaften**, die ins Register eingetragen werden, sind nicht gem. §§ 119 ff. anfechtbar (Verkehrsschutz).

Irrtum über Rechtsfolgen, insb. des Schweigens und des Rechtsscheins

Irrtum über **unmittelbar gewollte Rechtsfolge** nach Maßgabe des § 119 I anfechtbar. Irrtum über **weitere Rechtsfolgen** (**Rechtsfolgenirrtum i.e.S.**) nach h.M. anfechbar, soweit diese **wesentlich vom Gewollten abweichen** und nach h.M. nicht anfechbar, soweit sie nur mittelbare Auswirkungen entfalten (unbeachtlicher Motivirrtum),

☞ Annahme der Erbschaft ohne Kenntnis über die Auswirkung der Ausschlagung auf den Pflichtteilsanspruch (§ 2302 I 1) ist wegen wesentlicher Abweichung nach h.M. anfechtbar.

Soweit **Schweigen als Willenserklärung** gilt (🗗 17) oder **Rechtsscheinstatbestände** Rechtsfolgen auslösen (☞ Anscheinsvollmacht, 🗗 26), kann der der Schweigende bzw. vom Rechtsschein Benachteiligte

- **nicht** nach § 119 Abs. 1 mit der Begründung **anfechten**, er habe nicht gewusst, dass **diese rechtsfolgenauslösende Wirkung** bestehe – insofern handelt es sich um einen unbeachtlichen Motivirrtum über zusätzliche Rechtswirkungen –
- aber nach §§ 119, 120, 123 wegen **sonstiger Umstände**, die **ebenso** eine Erklärung **durch aktives Tun** betreffen könnten, wie insbesondere Irrtümern über Tatsachen,
  - das **Schweigen** nach h.M. **anfechten**,
  - während die **Anfechtbarkeit des Rechtsscheins höchst umstritten** ist.

Anfechtungsgrund gem. § 119 I (1)

I. **Was hat** der Erklärende **erklärt?** (äußerer Erklärungstatbestand einer Willenserklärung, 🗗 4)

II. **Was wollte** der Erklärende zum Ausdruck bringen? (innerer Erklärungstatbestand einer Willenserklärung, 🗗 5)

III. **Fallen** der äußere Erklärungstatbestand und das Gewollte **im Zeitpunkt der Erklärung unbewusst auseinander**?
- Inhaltsirrtum § 119 I Var. 1 (der Erklärende weiß, was er sagt, aber er weiß nicht, was er damit sagt)
  ☞ „12 Gros Toilettenpapier", gemeint war aber „12 große Rollen Toilettenpapier"
- Erklärungsirrtum § 119 I Var. 2 (der Erklärende weiß nicht, was er sagt)
  ☞ Versprechen, Verschreiben

IV. **Hätte** der Erklärende die Erklärung bei Kenntnis und verständiger Würdigung **nicht abgegeben**? (Kausalität des Irrtums für die Erklärung)

Potenzielles Erklärungsbewusstsein

Wollte der Erklärende gar keine Willenserklärung abgeben, **hätte** es aber bei Beachtung der im Verkehr erforderlichen Sorgfalt **erkennen können**, wird ihm sein Tun (nach h.M.) als Willenserklärung zugerechnet (🗗 5, ☞ Armzeichen auf einer Versteigerung, um jemanden zu grüßen). Er kann jedoch nach § 119 I (analog, str.) anfechten.

Invitatio ad offerendum und automatisierte Erklärungen

☞ V bietet auf seiner Homepage Ware an. Es wird der falsche Preis angezeigt. K kauft. Bei V startet die automatisierte Auslieferung.

Ein **Irrtum bei der invitatio wirkt auf die Annahme** (konkludent durch Lieferung) **fort**. Vertippen und Softwarefehler des Verkäufers fallen unter § 119 I. Softwarefehler Dritter fallen unter § 120.

Anfechtungsgrund gem. § 119 I (2)

Sonderfall: Kalkulationsirrtum

➲ **Fehler bei der Berechnung des Preises**

Der Kalkulationsirrtum kann unter folgenden rechtlichen Gesichtspunkten relevant sein:

- **Auslegung:** Bei Einigung über Berechnungsmethode: Korrektes Ergebnis ist vereinbart, falsches Ergebnis ist unbeachtlich (falsa demonstratio non nocet). Bei Einigung über (falsches) Ergebnis: falsches Ergebnis ist vereinbart, evtl. Anfechtung (s. sogleich).
- **Anfechtung:** Nach h.M. nie, weil unbeachtlicher Motivirrtum. Nach a.A. gem. §§ 119 I/II analog, wenn anderer Teil den Irrtum erkennt (offener Kalkulationsirrtum).
- §§ 311 II, 241 II, 280 I **(c.i.c.):** Aus § 241 II kann der andere Teil verpflichtet sein, auf den Irrtum hinzuweisen. Bei Unterlassen entsteht dann Anspruch aus § 280 I.
- **§ 313:** Die korrekte Berechnung kann Geschäftsgrundlage geworden sein. (🗗 Schuldrecht AT 2)
- Festhalten am falschen Preis kann **unzulässige Rechtsausübung** sein, **§ 242**

Maßgeblich für die angesprochenen Punkte ist, ob nur der Erklärende **(intern)** oder beide irren **(extern):**

Kalkulationsirrtum

- intern (Grundsatz: jeder ist für seine interne Willensebildung selbst verantwortlich)
  - anderer hat ihn nicht erkannt/hätte nicht erkennen müssen: Anfechtung (–)
  - anderer hat ihn erkannt/hätte erkennen können: Anfechtung laut h.M. (–), aber evtl. § 242 u. c.i.c
- extern (Kalkulationsgrundlage zum Gegenstand des Geschäfts)
  - Auslegung, falsa demonstratio non nocet bei vereinbarter Berechnungsmethode
  - § 313 nur, wenn beidseitige Berechnungsmethode
  - Anfechtung (–), da Berechnung der WE vorgelagert
  - in Extremfällen § 242
  - c.i.c., soweit Hinweispflicht verletzt

Anfechtungsgrund gem. § 119 II

Anwendbarkeit des § 119 II

Soweit verkehrswesentliche Eigenschaft einer Sache **zugleich Mangel** begründet, gilt bereits vor Gefahrübergang (h.M.):

- **Käufer und Werkbesteller** können nicht anfechten (Schutz des Rechts zur zweiten Andienung, der Ausschlussfrist und des Rücktrittsausschlusses bei grob fahrlässiger Unkenntnis).
- **Mieter** kann anfechten (str.)
- **Verkäufer, Werkunternehmer und Vermieter** können nicht anfechten, soweit sie sich der vom anderen Teil gewollten Gewährleistung entziehen (§ 242).

Irren beide Parteien über denselben Umstand **(Doppelirrtum)**, so ist nach h.M. § 313 vorrangig vor § 119 II. Dagegen spricht, dass ohnehin nur derjenige anfechten wird, der den Nachteil hat.

Eigenschaft einer Sache

➲ Neben der natürlichen Beschaffenheit auch tatsächliche und sachliche Verhältnisse und Beziehungen zur Umwelt, soweit sie für die Wertschätzung und Verwertbarkeit von Bedeutung sind. Kurz: Alle **gegenwärtigen, wertbildenden Merkmale**, die ihren Grund in der Sache selbst haben und **von gewisser Dauer sind**. Sachen i.S.d. § 119 II sind (entgegen § 90 S. 1) auch **nicht-körperliche Gegenstände**, wie z.B. Forderungen. Keine Eigenschaft ist der Wert selbst.

Eigenschaft einer Person

➲ Jedes Attribut, dass dem Geschäftsgegner oder einem Dritten dauerhaft anhaftet oder seine Wertschätzung beeinflusst.

Verkehrswentlichkeit im konkreten Fall

➲ Das, was erkennbar Motiv für die konkrete Erklärung ist.

☞ Geeignetheit einer Immobilie für Kinder bei einer Wohnung, nicht bei einem Bordell; Solvenz des Kreditnehmers für die Bank (nicht für den Bürgen, das ist gerade das von ihm vertraglich übernommene Risiko)

Anfechtungsgründe gem. § 123 I (1)

⚠ **Lernen Sie vernetzt:** § 123 I Var. 1 ähnelt § 263 StGB, § 123 I Var. 2 ähnelt § 240 StGB.

Arglistige Täuschung, § 123 I Var. 1

1. **Täuschungshandlung** durch positives Tun oder Unterlassen, wenn Rechtspflicht zur Aufklärung (☞ Unfallschäden beim Autoverkauf) über **Tatsachen** (➲ objektiv nachprüfbare, konkrete Begebenheiten; auch innere und negative Tatsachen; nicht Werturteile und Meinungen).
2. **Irrtum** des Getäuschten, d.h. Fehlvorstellung über Tatsachen
3. **Kausalität** („durch") der Täuschung für den Irrtum und des Irrtums für die Erklärung. Mitursächlichkeit reicht aus.
4. **Widerrechtlichkeit der Täuschungshandlung** (ungeschriebenes Merkmal). Insbesondere darf eine nach §§ 7 u. 1 AGG unzulässige Frage im Vorstellungsgespräch wahrheitswidrig oder überhaupt nicht beantwortet werden.

   ☞ Städtische Kita darf Erzieher nicht nach Religion fragen, konfessionelle Kita hingegen schon. Kassierer darf nach Vorstrafen wegen Diebstahls, nicht aber wegen unerlaubten Entfernens vom Unfallort gefragt werden.
5. **Arglist** (dolus eventualis ausreichend), d.h. der Täuschende muss die Unrichtigkeit seiner Angaben oder zumindest sein Unwissen kennen, also letzterenfalls die Angaben **„ins Blaue hinein"** gemacht haben.

   ☞ Obwohl der Händler den Wagen nicht überprüft hat, behauptet er, der Wagen sei unfallfrei.
6. Hat ein **Dritter** die Täuschung verübt, ist die Erklärung gem. § 123 II 1 nur anfechtbar, wenn der Empfänger die Täuschungshandlung kannte oder hätte kennen müssen. ➲ Nicht Dritter sind der Vertreter, der Verhandlungsführer, der Erfüllungsgehilfe (§ 278 S. 1 Var. 2) und die Person, die wegen der engen Beziehung zum Erklärungsempfänger als dessen Vertrauensperson erscheint.

   ⚠ § 123 II enthält **keinen Anfechtungsgrund**, sondern er verschärft die Anforderungen an die Anfechtung nach § 123 I Var. 1

Anfechtungsgrund gem. § 123 I (2)

Widerrechtliche Drohung, § 123 I Var. 2

➲ Drohung ist die **Ankündigung eines künftigen Übels**, dessen Eintritt der Erklärende aus der Sicht des Adressaten **beeinflussen kann.**

Die Drohung ist **widerrechtlich**, soweit das **Mittel, der Zweck** oder die **Zweck-Mittel-Relation** verwerflich sind.

☞ Rechtswidrigkeit der Zweck-Mittel-Relation: A hat gegen B einen Anspruch aus Kaufvertrag. A droht B, ihn wg. Steuerhinterziehung anzuzeigen, wenn B dem A nicht unverzüglich eine Sicherungsgrundschuld an seinem Grundstück bestellt.

Die Drohung muss ferner **kausal** für die Erklärung sein und **vorsätzlich** erfolgen.

Konkurrenz des § 123 zu anderen Vorschriften

- Verhältnis **§ 123 I Var. 1 (Arglist)** zu **§§ 437 Nr. 3, 280 I. u. III, 281** und **§§ 437 Nr. 2, 323, 346**
  - Wenn keine Anfechtung erfolgt und ein Mangel vorliegt, kann der Käufer Schadensersatz statt der Leistung verlangen und/oder (§ 325) **zurücktreten**. Die erforderliche **Erheblichkeit** (§ 281 I 3, § 323 V 2) liegt bei Arglist in aller Regel vor. Werden die Gewährleistungsrechte geltend gemacht, dann ist daneben hinsichtlich des Mangels die **c.i.c.** (§§ 280 I, 241 II, 311 II) ausgeschlossen.
  - Wird angefochten, so erfolgt die **Rückabwicklung** des Kaufvertrages nach § 812 I 1 Var. 1 bzw. § 812 I 2 Var. 1 (str.).
- **§ 123 I** und die **c.i.c.** (§§ 280 I, 311 II, 241 II) **stehen nebeneinander**, weil § 123 die freie Willensbildung und die c.i.c das Vermögen schützt. Allerdings muss nach h.M. für die c.i.c. ein weiterer Vermögensschaden (neben der aufzuhebenden Willenserklärung) vorliegen.
- Neben der Anfechtungsmöglichkeit nach **§ 123 I** besteht häufig die Möglichkeit, aus **unerlaubter Handlung** (§ 823 II i.V.m. § 263 bzw. 240 StGB; § 826) **Schadensersatz** zu verlangen.

Zusammenfassung: §§ 119 ff. vs. c.i.c. vs. Gewährleistungsrecht

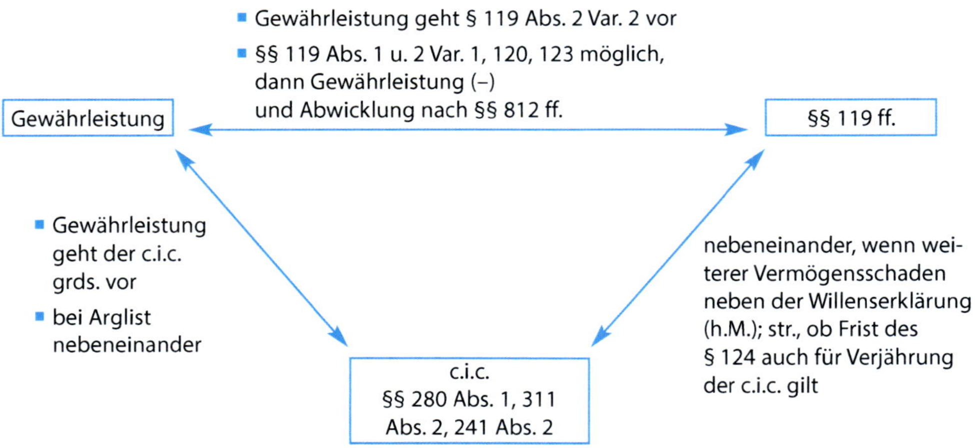

Wirksame Anfechtungserklärung

Anfechtungsberechtigt ist grds. der Erklärende bzw. – bei Stellvertretung – der Vertretene. Der **Anfechtungsgegner** ergibt sich aus § 143 II–IV.

Umstritten ist, wer bei der Anfechtung der Vollmacht der richtige Anfechtungsgegner ist, 🗗 29.

Die Anfechtungserklärung muss unmissverständlich darauf schließen lassen, dass **die Willenserklärung wegen des Willensmangels nicht gelten soll**. Sie kann **konkludent** erfolgen, aber der **Anfechtungsgrund** muss erkennbar sein. Sie ist **bedingungsfeindlich** (Rechtsgedanke des § 388 S. 2), zulässig sind aber Potestativbedingungen und Rechts„bedingungen", 🗗 18.

Die Anfechtungserklärung muss **fristgerecht** erfolgen:

- Bei Anfechtung gemäß **§§ 119, 120 ohne schuldhaftes Zögern (unverzüglich)** nach Kenntniserlangung vom Anfechtungsgrund, § 121. Höchstfrist: 10 Jahre ab Erklärungsabgabe
- Bei Anfechtung gemäß **§ 123 I binnen Jahresfrist** ab Ende der Täuschungs- bzw. Zwangslage. Höchstfrist: 10 Jahre ab Erklärungsabgabe

Eine **Bestätigung** des anfechtbaren Rechtsgeschäfts schließt die Anfechtung aus, § 144 I.

Die Anfechtung ist nach **Treu und Glauben** (§ 142) ausgeschlossen, soweit der Anfechtungsgegner das Geschäft so gelten lässt, wie es der Erklärende gewollt hat (h.M.). Argument: Die Anfechtung ist **kein Reuerecht**.

Rechtsfolgen der Anfechtung

Die Willenserklärung ist grds. gem. § 142 I von Anfang an **nichtig, ex-tunc-Wirkung**. In Vollzug gesetzte Gesellschafts- und Arbeitsverträge sind nur ex nunc nichtig.

Die **Teilanfechtung** eines teilbaren Rechtsgeschäfts (🗗 66) ist möglich. Der Rest des Geschäfts ist dann nach § 139 im Zweifel ebenfalls nichtig.

Wird nur das **schuldrechtliche Rechtsgeschäft** angefochten, so besteht ein Rückabwicklungsanspruch aus § 812 I 1 Var. 1 bzw. § 812 I 2 Var. 1 (str.; relevant bzgl. § 814, der nur für § 812 I 1 Var. 1 gilt).

Bei Ansprüchen aus Bereicherungsrecht gilt die **Saldotheorie** nicht zulasten des arglistig Getäuschten, 🗗 Schuldrecht BT 3.

Es kann auch das **dingliche Rechtsgeschäft** angefochten werden, soweit diesbezüglich ein Anfechtungsgrund besteht. Werden beide Rechtsgeschäfte angefochten (aus gleichem **[Fehleridentität]** oder verschiedenem Grund), entsteht ein Eigentümer-Besitzer-Verhältnis (🗗 Sachenrecht). Die Rückabwicklung der Besitzübertragung erfolgt dann (neben § 812) auch nach § 985.

Wer die **Anfechtbarkeit kannte oder kennen musste** (§ 122 II), der wird so behandelt, als habe er die **Nichtigkeit** gekannt bzw. als musste er diese kennen. Denn soweit die Anfechtung zurückwirkt, kann ihre Nichtigkeit nicht bekannt gewesen sein.

☞ § 166; § 819 I; § 932 II; § 990 I

Schadensersatz schuldet der nach §§ 119, 120 Anfechtende gemäß § 122 hinsichtlich des negativen Interesses, aber maximal in Höhe des positiven Interesses. Für die Anfechtung nach § 123 I gilt das nicht; im Gegenteil kann der Anfechtende Ansprüche aus §§ 280 I, 311 II, 241 II; § 823 I u. II; § 826 haben.

Teilnichtigkeit, Umdeutung, Bestätigung

Teilnichtigkeit gem. § 139

Voraussetzungen:

- **Nichtigkeit eines Teils**
- **Teilbarkeit des Rechtsgeschäftes:** Der verbleibende Teil muss als selbstständiges Rechtsgeschäft Bestand haben können.
  - ☞ Nichtigkeit einzelner Klauseln, gegenüber nur einer von mehreren Personen, hinsichtlich nur einer von mehreren Leistungen, hinsichtlich nur eines bestimmten Zeitraums
- **Einheitliches Rechtsgeschäft:** „Einheitlichkeitswille" der Parteien bei Vornahme des Rechtsgeschäftes. Indizien sind der wirtschaftliche Zusammenhang und die Fixierung in einer einheitlichen Urkunde. Nach h.M. Verpflichtungs- und Verfügungsgeschäft nur ausnahmsweise bei besonderen Umständen.

Rechtsfolge der Teilnichtigkeit ist nach **§ 139 im Zweifel Gesamtnichtigkeit**. Für Teilnichtigkeit spricht insbesondere eine **salvatorische Erhaltungsklausel.**

⚠ Hingegen im Zweifel Teilnichtigkeit im Erbrecht, § 2085, und bei allg. Geschäftsbedingungen, § 306 I.

Umdeutung gem. § 140

- **Nichtigkeit** des von den Parteien **gewollten Rechtsgeschäfts trotz Auslegung**.
- Nichtiges Rechtsgeschäft enthält **sämtliche Tatbestandsmerkmale** des **Ersatzgeschäfts**.
- Die Parteien hätten das Ersatzgeschäft abgeschlossen, wenn sie die Nichtigkeit gekannt hätten **(hypothetischer Wille)**.
- **Rechtsfolge** des Ersatzgeschäfts geht **nicht weiter** als die des nichtigen Rechtsgeschäfts.
  - ☞ Umdeutung der fristlosen in fristgemäße Kündigung möglich, aber nicht umgekehrt

Bestätigung gem. § 141

Wird ein **nichtiges Rechtsgeschäft** mit **Bestätigungswillen** erneut **vorgenommen**, so ist es **ex nunc** wirksam.

AGB (1)

Prüfung von AGB (Überblick)

I. Anwendbarkeit, § 310 Abs. 4 S. 1 u. 2 Hs. 1, 67

II. Vorliegen von **AGB**, § 305 Abs. 1; beachte § 310 Abs. 3 Nr. 1 u. 2, 68

III. Einbeziehung in den Vertrag, § 305 Abs. 2 u. 3; beachte § 310 Abs. 1 u. Abs. 4 S. 2 Hs. 2; Sonderfälle in §§ 305 a, 305 b, 305 c Abs. 1, 306 a, 69, 70

IV. Auslegung, beachte § 305 c Abs. 2 u. § 310 Abs. 3 Nr. 3, 71

V. Inhaltskontrolle: § 307 Abs. 3 (i.V.m. § 310 Abs. 4 S. 3) => § 309 => § 308 => § 307 Abs. 1 u. 2; beachte § 310 Abs. 1 u. 2, 71–73

VI. Rechtsfolgen nach § 306 (ggf. i.V.m. § 1 UKlaG), 73

⚠ AGB sind in der Regel nicht abstrakt-isoliert, sondern **an der jeweils relevanten Stelle** im Anspruchsaufbau zu prüfen (☞ AGB i.S.d. § 309 Nr. 3 im Rahmen der §§ 387 ff.). Klausuraufhänger für eine isolierte Prüfung kann die Klage einer Verbraucherschutzorganisation nach **§§ 1, 3 UKlaG** sein (73).

I. Anwendbarkeit, § 310 IV

Gem. § 310 IV 1 finden die §§ 305 ff. im **Erb-, Familien- und Gesellschaftsrecht** sowie auf **Tarifverträge, Betriebsvereinbarungen und Dienstvereinbarungen** keine Anwendung. Gem. § 310 IV 2 sollen bei **Arbeitsverträgen** die im Arbeitsrecht geltenden Besonderheiten angemessen berücksichtigt werden.

AGB (2)

II. Begriff der AGB, § 305 I und § 310 III Nr. 1 u. 2

- **Vertragsbedingungen:** Regelungen, die rechtlich verbindlich sein sollen, also nicht bloße Empfehlungen oder Bitten.
- **vorformuliert:** nicht notwendig vom Verwender erstellt und vollständig formuliert. Vorformulierung auch im „Kopf" möglich.
- **für eine Vielzahl von Verträgen:** Regelung soll wiederholt (BGH: mind. 3 Verträge) angewendet werden. Dann AGB (+) bereits bei erster Anwendung.

  ⚠ Bei **Verbraucherverträgen** finden gem. **§ 310 III Nr. 2** die §§ 305 c II, 306, 307–309 auch Anwendung, wenn die Vertragsbedingungen nur zur **einmaligen** Verwendung erstellt sind.
- **vom Verwender (also einseitig) gestellt:** Vertragspartner hatte keine reale(!) Möglichkeit zur Abänderung des gesetzesfremden Kerngehalts durch Aushandeln. Hat ein Notar die Vertragsbedingungen vorformuliert, dann sind sie nur dann von einer Partei gestellt, wenn der Notar einseitig eine Partei begünstigt.

  ⚠ Bei **Verbraucherverträgen** gelten gem. **§ 310 III Nr. 1** die Bedingungen als vom Unternehmer gestellt, es sei denn, dass sie durch den Verbraucher in den Vertrag eingeführt wurden (Beweislast beim Unternehmer).

AGB (3)

III. Einbeziehung

1. Einbeziehung gegenüber Verbrauchern, § 305 II und III

- § 305 II Nr. 1: Der Verwender muss bei Vertragsschluss **ausdrücklich auf die AGB hinweisen**. Ist ein ausdrücklicher Hinweis wegen der Art des Vertragsschlusses nur unter unverhältnismäßigen Schwierigkeiten möglich, reicht ein **deutlich sichtbarer Aushang** am Ort des Vertragsschlusses aus (☞ Massenverträge wie Stadionbesuch oder Kfz-Waschanlage).
- § 305 II Nr. 2: Dem Vertragspartner muss die **Möglichkeit verschafft** werden, in **zumutbarer Weise** vom Inhalt der AGB vor Vertragsschluss **Kenntnis zu nehmen**.

  Im **Internet** genügt Aufrufbarkeit über gut sichtbaren Link; Möglichkeit zum Download oder Druck nach h.M. von § 305 II Nr. 2 nicht gefordert (beachte aber §§ 246 ff. EGBGB). Bei Menschen mit **erkennbarer körperlicher Behinderung** ist die Übergabe der AGB in einer Form erforderlich, die eine Kenntnisnahme vor Vertragsschluss ermöglicht.
  ☞ Brailleschrift oder in elektronischer oder akustischer Form
- § 305 II Hs. 2: **Einverständnis** des Verbrauchers, auch konkludent (Auslegung) möglich.

Gem. **§ 305 III** ist die Einbeziehung auch durch eine **Rahmenvereinbarung** im Hinblick auf bestimmte noch abzuschließende Verträge möglich (☞ AGB von Banken).

Gem. **§ 305 a** werden bei bestimmten Verträgen der **Daseinsfürsorge** die AGB auch ohne Erfüllung des § 305 II einbezogen.

AGB (4)

III. Einbeziehung (Fortsetzung)

2. Einbeziehung gegenüber Unternehmern, § 310 I 1

§ 305 II und III finden gemäß § 310 I 1 keine Anwendung. Für die Einbeziehung gelten die allgemeinen **bürgerlich-rechtlichen und handelsrechtlichen Regelungen** über das Zustandekommen des Vertrages. Die Einbeziehung kann auch durch **schlüssiges Verhalten** erfolgen, dann aber nur soweit

- der Verwender bei Vertragsschluss auf AGB **hinweist** und
- der Vertragspartner die **Möglichkeit der Kenntnisnahme** hat.

3. AGB werden nicht Vertragsbestandteil, soweit …

- sie **überraschend** sind, § 305 c I,

  Die Klauseln müssen nach den Umständen so **ungewöhnlich** sein, dass der Vertragspartner mit ihnen nicht zu rechnen braucht. Eine solche Klausel liegt auch dann vor, wenn ihr ein **Überrumpelungseffekt** innewohnt. Sie muss eine Regelung enthalten, die von den Erwartungen des Vertragspartners deutlich abweicht und mit der dieser den Umständen nach vernünftigerweise nicht zu rechnen braucht.

  ☞ Erstreckung des Sicherungszwecks einer Grundschuld auf alle Verbindlichkeiten, wenn Anlass der Grundschuldgewährung nur ein bestimmter Kredit war.

- eine abweichende **Individualvereinbarung** vorliegt, § 305 b,

  ⚠ Das gilt selbst bei entgegenstehender doppelter Schriftformklausel, 🗗 52.

- oder ein **Umgehungsgeschäft** getätigt wurde, § 306 a.

AGB (5)

IV. Auslegung

Die Auslegung richtet sich nach dem **typischen Verständnis** unter **Abwägung der Interessen** der an Geschäften dieser Art beteiligten Kreise. Der individuelle objektive Empfängerhorizont ist nach h. M. irrelevant. Bei Verbraucherverträgen sind gem. § 310 III 3 auch die den Vertragsschluss begleitenden (individuellen) Umstände zu berücksichtigen.

Bleiben bei der Auslegung **Zweifel**, so **gehen sie zulasten des Verwenders**, § 305 c II. ⚠ Bei der Inhaltskontrolle daher **verbraucherfeindliche Auslegung** und bei der Anwendung einer wirksamen Klausel sodann **verbraucherfreundliche Auslegung**

V. Inhaltskontrolle gem. §§ 307–309

⚠ § 307 III 1: Nur Klauseln, die **von dispositiven Rechtsvorschriften abweichende oder diese ergänzende Regelungen** enthalten. Also keine Kontrolle von deklaratorischen Klauseln und von Leistungs- und Preisvereinbarungen, aber Kontrolle von Preisnebenabreden (☞ Fälligkeit, Vorleistungspflicht). Hiernach nicht kontrollierbare Klauseln sind trotzdem unwirksam, soweit sie nicht klar und verständlich sind (§ 307 III 2 i.V.m. I).

⚠ Bei der Inhaltskontrolle ist **zunächst § 309, dann § 308 und dann § 307** zu prüfen.

Inhaltskontrolle gem. § 309

Jeder Verstoß gegen eine Bestimmung des § 309 hat die **Unwirksamkeit der Vertragsbestimmung** in den AGB zur Folge.

Examensrelevant sind insbes. **§ 309 Nr. 7**, der regelt, dass ein Haftungsausschluss auch bei leicht fahrlässig verschuldeten Körperschäden unwirksam ist; **§ 309 Nr. 8 a**, der das Freizeichnungsverbot hinsichtlich des Lösungsrechtes vom Vertrag und des Schadensersatzes regelt; und **§ 309 Nr. 8 b**, der regelt, inwieweit die Gewährleistung bei **neu** hergestellten Sachen eingeschränkt werden kann.

AGB (6)

V. Inhaltskontrolle gem. §§ 307–309 (Fortsetzung)

Inhaltskontrolle gem. § 308

Ein Vorstoß gegen § 308 führt nur zur Nichtigkeit, soweit eine **wertende Betrachtung** aufgrund der aufgeführten **unbestimmten Rechtsbegriffe** (☞ „unangemessen“; „zumutbar“) dies ergibt.

Inhaltskontrolle gem. § 307

§ 307 II enthält **Regelbeispiele** für eine unangemessene Benachteiligung i.S.d. § 307 I 1. Diese ist im Zweifel anzunehmen, wenn eine Bestimmung

- **Nr. 1:** mit dem **wesentlichen Grundgedanken der gesetzlichen Regelung**, von der abgewichen wird, nicht zu vereinbaren ist,

  ☞ Bei Maklerverträgen sind alle Klauseln unwirksam, die einen erfolgsunabhängigen Provisionsanspruch begründen.
- **Nr. 2:** wesentliche Rechte und Pflichten, die sich aus der Natur des Vertrages und dem Synallagma ergeben **(Kardinalpflichten)**, so eingeschränkt werden, dass die Erreichung des Vertragszwecks gefährdet ist.

  ☞ Der Betreiber einer automatischen Waschanlage regelt, dass er nur für solche während des Waschvorgangs verursachten Schäden haftet, die durch vorsätzliches oder grob fahrlässiges Verhalten verursacht worden sind.

Ferner sind gemäß § 307 I 2 Klauseln unwirksam, die nicht klar und verständlich sind **(Tranzparenzgebot)**.

☞ Haftungsausschluss „soweit gesetzlich zulässig“

In **unbenannten Fällen** kann sich eine unangemessene Beteiligung alleine aus § 307 I 1 ergeben, wenn **redliche Parteien nach Treu und Glauben** die Klausel nicht vereinbart hätten. Aus den benannten Fällen ist ein Umkehrschluss zu ziehen (☞ Angesichts § 309 Nr. 9 ist eine Vertragsdauer von 23 Monaten in der Regel zulässig.).

AGB (7)

V. Inhaltskontrolle gem. §§ 307–309 (Fortsetzung)

Unternehmerischer Bereich, § 310 I

Nur § 308 Nr. 1 a und 1 b sowie § 307 I und II sind anwendbar. § 308 Nr. 1 u. 2–9 sowie § 309 haben aber **Indizwirkung i.R.d. § 307 I und II**.

VI. Rechtsfolgen, § 306

Ist eine AGB-Klausel ganz oder teilweise nicht Vertragsbestandteil geworden oder unwirksam, bleibt der **Vertrag im Übrigen** gem. § 306 I **grundsätzlich wirksam** (Gegensatz zu § 139, 🗗 66)

Nach § 306 II treten an diese Stelle die **dispositiven gesetzlichen Vorschriften** (☞ Ist der Leistungsort oder die Leistungszeit unwirksam in den AGB geregelt, so gelten die §§ 269–271). Anderenfalls erfolgt eine ergänzende Vertragsauslegung (🗗 19).

Unzulässig ist die **geltungserhaltende Reduktion** einer **einheitlichen Klausel**. Sie darf nicht auf ein gerade noch zulässiges Maß reduziert werden, weil dann der Verwender keinem Risiko unterläge.

☞ V verkauft ein Handy und legt per AGB fest, dass der Anspruch aus § 439 I nach 2 Monaten verjährt. Die Verjährungsfrist beträgt dann nicht 12 Monate (§ 309 Nr. 8 b) ff)), sondern gemäß § 438 I Nr. 3 24 Monate.

Hingegen bleibt der eine Teil einer **teilbaren Klausel** wirksam, wenn nur der andere Teil unwirksam ist (arg. § 306 II). Die Klausel ist teilbar, wenn nach Wegstreichen des unwirksamen Teils ein verständlicher Klauselrest verbleibt **(blue-pencil-test)**.

Nach **§§ 1 u. 3 UKlaG** kann derjenige, der in allgemeinen Geschäftsbedingungen Bestimmungen, die nach den §§ 307–309 unwirksam sind, verwendet oder für den rechtsgeschäftlichen Verkehr empfiehlt, auf **Unterlassung** und im Falle des Empfehlens auch auf **Widerruf** in Anspruch genommen werden.

Zu **einander widersprechenden AGB** vgl. 🗗 16.

Termine, Fristen

§§ 186 ff. enthalten **allgemeine Auslegungsregeln zur Frist- und Terminberechnung**, auch außerhalb des BGB (☞ Verweise in § 222 I ZPO, § 57 II VwGO und § 31 VwVfG).

Termin

➲ Bestimmter **Zeitpunkt**, an dem etwas geschehen oder eine Rechtsfolge eintreten soll.

Frist

➲ Durch **bestimmten oder bestimmbaren** Anfangs- und Endtermin abgegrenzter **Zeitraum**.

☞ Ersitzungsfrist, § 937; Ausschlussfrist, § 124 I; Verjährungsfrist, §§ 214 I, 194 I; Nachfrist, §§ 281, 323

Zivilkomputation, d.h. Berechnung in ganzen Tagen. **Ende** der Frist:

- bei **Tagesfristen** mit Ablauf des letzten Tages
- bei **Wochen-/Monats-/Jahresfristen** als **Ereignisfrist** (§ 187 I) am entsprechenden Tag (☞ zwei Wochen ab Lieferung, Lieferung am Dienstag 01.11.: Ende mit Ablauf des Dienstags, 15.11.) und als **Tagesbeginnfrist** (§ 187 II) am vorhergehenden Tag (☞ zwei Wochen ab Dienstag, 01.11.: Ende mit Ablauf des Montags, 14.11.)
- **Monatsfristen am Monatsende** gem. § 188 III) ggf. „kürzer" (☞ zwei Monate ab dem 31.12.: Ende mit Ablauf des 28.02. bzw. 29.02.), aber nach h.M. nicht „länger" (☞ einen Monat ab dem 28.02.: Ende mit Ablauf des 28.03.)
- Bei rechnerischem **Fristende am Samstag/Sonntag/Feiertag** Verschiebung auf den nächsten Werktag, § 193.
  - ⚠ **„Kündigungsfrist"** ist für den Kündigenden keine Frist i.S.d. §§ 186 ff., da kein Anfangspunkt. Daher § 193 weder direkt noch analog.
  - ⚠ **Samstag** ist grundsätzlich ein Werktag. Anders aber i.R.d. § 556 b I (Fälligkeit der Miete), weil Banken am Samstag nicht buchen.

Verjährung (1)

Ansprüche i.S.d. § 194 I einschließlich Nebenleistungen (§ 217; ☞ Zinsen) verjähren, andere Rechte (insbesondere Gestaltungsrechte) hingegen nicht.

Rechtsfolgen

Schuldner hat **peremptorische Einrede**, § 214, aber:

- Geleistetes ist **nicht kondizierbar**, §§ 813 I 2, 214 II
- **Aufrechnung** und **Zurückbehaltungsrecht** weiterhin möglich, § 215
- **gegenständliche Sicherheiten** (auch akzessorische) sind weiterhin verwertbar, § 216 I u. II 1

Für **Rücktritt** und **Minderung** gilt:

- keine Verjährung (s.o.), aber **Unwirksamkeit**, soweit (Nacherfüllungs-)Anspruch verjährt, § 218 I 1 u. 2
- Geleistetes **nicht** nach §§ 346 ff. **rückforderbar**, §§ 218 II, 214 II, außer bei Eigentumsvorbehalt, §§ 218 I 3, 216 II 2

Verwirkung, § 242

Ausnahmsweise ist ein nicht verjährter Anspruch nicht durchsetzbar, wenn er länger nicht geltend gemacht wurde **(Zeitmoment)**, aufgrund des Verhaltens des Gläubigers damit nicht mehr zu rechnen ist **(Umstandsmoment)** und der Schuldner hierauf vertraut hat **(Vertrauensmoment)**.

Verjährung (2)

Berechnung, insbesondere Regelverjährung nach §§ 195, 199

Drei Fragen:

- **Beginn?** (ggf. Neubeginn, § 212)
- **Dauer?** (ggf. Höchstfristen)
- **Ende** nach §§ 186 ff.? (ggf. Hemmung oder Ablaufhemmung, §§ 203 ff.)

Primär **lex specialis** (☞ § 438 I–III; § 902), hilfsweise **§§ 200 f.** (Beginn) und **§§ 196–198** (Dauer), hilfsweise **Regelverjährung** nach §§ 195, 199:

- **Dauer:** drei Jahre
- **Beginn**, § 199 I: Ende des Jahres, in welchem
  - sowohl Anspruch **einklagbar entstanden und fällig**

    aufschiebende Bedingung (§ 158 I) muss eingetreten sein; § 320 unbeachtlich; für Schadensersatz genügt erster Schadensposten; Inhaltsänderung irrelevant (☞ § 426 I 1)
  - als auch **Kenntnis oder grob fahrlässige Unkenntnis** des Gläubigers vom Schuldner und von den anspruchsbegründenden Tatsachen.

    Unvorhersehbare Schäden irrelevant; rechtlicher Schluss auf den Anspruch irrelevant, es sei denn die Rechtslage ist selbst für Rechtskundigen nicht einschätzbar; Zurechnung der Kenntnis des Vertreters nach § 166 I

Höchstfristen: 10 Jahre nach Anspruchsentstehung (§ 199 IV),
30 Jahre im Erb- und Schadensrecht (§ 199 II–III a)

Verjährung (3)

Vereinbarungen über die Verjährung, § 202

Verkürzung möglich, außer im Voraus bei Haftung wegen Vorsatz (weitere Sonderregeln: § 476 II; §§ 651 j, 651 y S. 1).
Verlängerung möglich, maximal 30 Jahre ab gestzlichem Beginn.

Hemmung, Ablaufhemmung, Neubeginn

Bei der **Hemmung** wird der Zeitraum **nicht eingerechnet**, § 209 („Pause").

- **§ 203 S. 1: Verhandlungen**, solange nicht deutlich abgelehnt oder eingeschlafen. Ende: § 203 S. 2.
- **§ 204 I: Rechtsverfolgung** (☞ Klageerhebung, Zustellung eines Mahnbescheides, Zustellung der Streitverkündung). Ende: § 204 II.
- **§ 205: Stillhalteabkommen** als vertragliches (!) Leistungsverweigerungsrecht

  Hingegen verschiebt anfängliche Stundung den Beginn bzw. führt nachträglich zu Neubeginn.

Bei der **Ablaufhemmung** läuft die Verjährungsfrist frühestens eine bestimmte Zeit nach Wegfall von Gründen ab, die der Geltendmachung des Anspruchs entgegensteht („Pause und Verzögerung beim Drücken auf Play").

☞ §§ 203 S. 2, 210, 211; ferner § 445 b II

Beim **Neubeginn der Verjährung** beginnt die schon abgelaufene Frist erneut § 212 („Stop und Play von vorne"), insbesondere beim **Anerkenntnis**, § 212 I Nr. 1:

- bei **Aufrechnung** (+), wenn kein Bestreiten der Hauptforderung;
- bei **Nachlieferung** nur, wenn nicht aus Kulanz, sondern erkennbar aufgrund der Verpflichtung dazu.

Notizen